完美的教学

WANMEIDEJIAOXUE

肖川 ◎ 著

北京师范大学出版集团
BEIJING NORMAL UNIVERSITY PUBLISHING GROUP
北京师范大学出版社

达的一切都是从心灵深处流溢出来的切肤之感，没有矫揉造作、故作姿态，没有"为赋新词强说愁"的无奈与空洞，而有着自然、真切与和谐之美。实践证明，一个教师若能以真诚的自我对待学生，坦率地表达自己的真实思想、情感，真诚地承认自己的缺点和不足，做到言行一致、表里如一，学生就会向教师敞开心扉，向教师说出自己真实的思想和感受，从而真正做到师生间的心心相印。师生之间以诚相待，彼此不断地进行多方面、深层次的沟通和交流，是建立良好师生关系的基础，也是使教学生机勃勃地开展的前提。只有充满真诚的教学，才能给人以温暖的感觉，才能有感染力与亲和力。

这里所说的深刻与真诚首先必定体现于教师对于一节课所要完成的任务和所要达到的教学目标之中。每一节课都应该有其独特的任务和要实现的目标，而这种独特性存在于一个更高远的目标——我们要培养的理想的人——并成为实现这个崇高目标的一个步骤而存在。所以，教师必须对自己的教学目标有十分恰当的设定和十分清晰的认识。

序言　完美的教学

　　在我看来，完美的教学必定有两个不可或缺的要件，那就是：深刻与真诚。

　　所谓"深刻"，意味着能够给予学生匠心独运、别有洞天之感，能够唤起学生的惊异感和想象力，能够使学生茅塞顿开、豁然开朗。当然，所谓"深刻"总是相对的。这需要教师对教学对象有充分的了解，使教学的目标是学生通过努力可以达到的，引领学生探索和思考的问题是处于学生的"最近发展区"的。

　　所谓"真诚"，则意味着师生之间坦诚率直，彼此都能尽情地表露瞬间的感情和态度；意味着教师的一言一行都是出自内心真实的感受，所表

　　深刻与真诚更体现在教学内容的选择与组织之中。只有当教师对他所教授的内容融会贯通、如同己出、烂熟于心、了如指掌时，他才能得心应手、左右逢源，才能顺手拈来，皆成妙趣，才会有那样一种拥有真理、"一览众山小"的沉着与自信。这样教师的教学对于学生来说，也才会有理智的挑战、内心的震撼，以及触及心灵的影响。常言道，从水管里流出来的是水，从血管里流出来的是血。只有当教师讲授的内容是教师可以娓娓道来、如数家珍时，讲课才真正可以称之为"讲"；而只有真正地"讲"，教师才能把在课堂上的注意力集中在与学生的思想和情感的交流方面；只有真正交流了，才能给予学生广博的文化浸染，教学才能切入学生的经验系统，课堂生活才能成为师生共在的生活。

　　深刻与真诚还体现于教学氛围的营造和教学方法的运用之中。完美的教学在性质上应是富有想象力的，应该能唤起人们意外与惊讶的感觉，给身临其境者一种认识能力上的解放感；完美的教学犹如一篇优美的散文诗，它具有起、承、转、合的韵味，具有曲径通幽、起伏跌宕、峰回路转的魅力；它是一种精神漫游，教师收放自如，学生心领神会，既有纵横捭阖的豪放，又有细处摄神的精致。正如孟子所言："言近而指远者，善言也。守约而施博者，善道也。"（《孟子·尽心下》）。

完美的教学一定会使学生"学有所获"，甚至是有喜出望外的收获。当然，我们不能对"课堂上的收获"做狭隘的理解。收获不仅包括认知方面，如对概念、定义、原理（公理、定理）、公式、基本事实等的掌握以及认知策略的完善，也应包括态度、价值观的改变、丰富与提升，所经受到的理智的挑战和内心的震撼，所获得的感动和鼓舞以及精神的陶冶和心灵的净化等。一言以蔽之，完美的教学能够唤醒沉睡的潜能、激活封存的记忆、开启幽闭的心智、放飞囚禁的情愫。

我们教师总是容易低估学生的理智判断力和鉴赏力，从而疏于精心设难问疑，使教师深邃的内心世界、教学应有的深度难以有效地得到充分的体现，因而就少了些许理智的挑战性和教学的活力；我们也必须承认，人的心灵有一种微妙、精敏的感受力，任何虚假、矫情和做作都无法唤起真诚，我们唯有努力使我们的内心变得明敏、丰富和深邃，舍此，别无他途。

　　完美的教学一定能让学生感受到人性之美、人伦之美、人道之美；感受到理性之美、科学之美、智慧之美；感受到人类心灵的博大与深邃；感受到人类文明的灿烂与辉煌。完美的教学一定能够唤起学生对于生活的热爱与柔情；唤起学生对于未来的热烈憧憬和乐观、光明、正直的期待；能够以新的眼光审视生活、洞察人性。

目 录

目 录

第一章　有效教学

我的教学主张

教学是学校教育服务于学生成长的最主要的途径和最中心的工作。我们的日常教学究竟为了什么？什么样的教学才是高品质的教学？这是业内人士关注的核心问题。基于我个人的学习、思考与实践，我逐渐形成了对于教学的理解与追求，在此愿与大家分享。

第一，教学必须服务于培养完整的人。完整的人，相对的是片面的人、畸形的人、精神世界残缺不全的人。完整的人的发展包括个人与"天、人、物、我"四个向度上的认知、情感、态度和技能的和谐发展。我们的每一门课程、每一个学习主题都有自己具体的教学目标，而教学的任何一个环节要达到的任何一个具体目标，都应自觉地朝向这个教学的终极目标——完整的人发展，并且使任何一个教学活动与教学环节都能作为通向这个终极目标的步骤而存在。教学的真正目的是通过提高个人选择和自我指导的能力来最大限度地促使自我发展——成长为一个完整的人。教师在教学过程中应该始终怀想着这个大目标。

第二，创造丰富的课堂，带给学生广博深厚的文化浸染。教学的真正目的在于促进个人成长和自我实现，而不单纯是掌握教科书上的知识。丰富的课堂才能让学生的心灵自由飞翔，才能唤起学生创造的冲动，才能激发学生分享的内在需要。创造一个丰富的课堂，让学生的心灵在博大、温暖的精神氛围中自由地跳荡，教师的学识修养和想象力就变得非常重要。

第三，教学重要的是教学生学会学习，并且帮助学生形成认知框架。在教学中，教师为了便于学生学习，我们的学科知识不得不被分成条块，变成细小的局部。学生的成长也是依靠这样的小步骤一点点积累的。但是，不清楚每一个小步骤在学科思想长河中的位置，不了解它们之间的逻辑关联，不了解它们在主要领域里的意义，任凭教师如何重复讲解，学生如何苦苦训练，也只能是事倍功半。简单地重复正确的结论并不能使学生更好地理解某一概念或原理。如果真正的学习没有发生，教师教得再辛苦，也是无效的；真正的学习意味着经验的重新组织与重新解释，这就包括先前经验的激活，引发新的认知冲突，信息的搜集、选择与加工，最后形成开放性的认知框架——概念系统和命题网络。

所谓命题网络，就是指如果两个命题中具有共同成分，通过这种共同成分可以把若干命题彼此联系组成命题网络。"教育是既见树木又见森林的过程"，我们既可以把森林理解为"上位概念"，把树木理解为"下位概念"，也可以把"见森林"理解为智力生活的背景和整体把握，把"见树木"理解为细处摄神和结合个体经验的理解。

在教学中，教师帮助学生形成整体观是必要的。黑格尔在美学讲演录中通过典型例子精湛地表达了他的整体观："割下来的手就失去了它的独立的存在，就不像原来长在身体上时那样，它的灵活性、运动、形状、颜色等都改变了……只有作为有机体的一部分，手才获得它的地位。"（黑格尔:《美学》第1卷. 北京：商务印书馆，1994年版，第156页）在教学中，应该将学习的内容升华到更大的思考主题，并形成理解框架和概念网络。所以，在学习过程中，我们既需要深入细节、解剖麻雀，又需要"会当凌绝顶，一览众山小"。布鲁纳认为，儿童的学习主要是掌握学科知识的基本结构；教师的教学主要是促进儿童认知能力的发展；衡量教与学有效性的标准是看儿童动作的、映象的和符号的认知结构是否有序地得到发展。这些观点都是值得我们重视的。

第四，教学必须为学生的发展提供机会。好的教学要让学生在课堂上有展示自我、发现自我、发展自我的机会。因为，只有展示自我才能发现优势和不足，只有发现自我才能更加深入和全面地认识自我，进而才能发展自我。个体的潜能和资质就是在这一过程中凸现、彰显并丰富和发展出来的。

学习远远不只存在于认知活动中，也广泛存在于交往活动与审美活动中。学习的结果不仅包括知识的建构，还包括态度、价值观的改变或深化，情感的丰富和体验的深刻，技能的形成或巩固，认知策略的高级和完善。教学不是为了教师的表演和个人魅力的展示（尽管不露痕迹的个人魅力展示有着重要的教育价值），教学是为了促进学生的发展。为此，教师要努力为学生的成长与发展提供机会，要创造氛围与情境，为学生具有深度的参与，从而为学生展示自我、发现自我和发展自我提供足够的时间和空间。教师讲得越多、越细，越有可能封闭学生的思想空间，并造成学生对教师的依赖。况且，如果教学方式单一，刺激单调，就会导致学生注意力不集中，导致学生心理疲劳，进而导致学生学习效果的下降。

第五，教学要带给学生理智的挑战。教师要善于营造真实的问题情境，以问题引导教学，让学生在解决问题中学习，通过问题的解决掌握问题解决所依据的原理和所必需的材料。问题必须是真实的，即能够与学生的已有经验产生冲突；问题必须具有理智的挑战性，并通过努力有可能做出尝试性的解答。

教学应该创设一个合适的问题空间，以便对学生的理智能力构成挑战；教师应该自觉地培养学生对证据、逻辑和结论提出理性的怀疑的习惯，并培养学生基于证据来形成解释的习惯。

第六，重要的是理解的质，而不是信息的量。人们对于事物的理解有不同的层次。深层次的理解，必须充分展开高层次的思维过程，即复杂的概括和推理的过程。到了小学高年级以后，教师要着力发展学生的思辨力，特别应该将发展学生开放性的、创造性的思维能力作为教学的重心。对于学习的重点和难点，教师应该通过对话和讨论让学生真正理解，而不是似懂非懂。新的学习内容能够真正地纳入学生的认知结构，并能够为学生灵活运用，教学才能真正地促进学生的发展。

"教什么"和"怎么教"

教学是人类诸多复杂、重要的事务之一，因为教学过程中涉及许多的变量。教学不单纯是一系列的操作行为，这背后更重要的是整个人的精神活动。把教学降为一种技术，是对教育狭隘和肤浅理解的最突出表现，也是教育中可能犯的最大错误之一。

课堂教学，其核心要素是学习内容与教学方法。在"教什么"和"怎么教"哪一个更重要的问题上，我的意见是要看我们追求什么。如果是追求教育的价值旨趣，那"教什么"比"怎么教"更重要。因为在具体的学习内容背后，特别是人文类的课程，总是承载着（有时是隐含着）我们所崇尚、所倡导的价值观。比如，我们今天中小学教育内容中仍然存在着"领袖崇拜""爱国的自大""虚假的民族自豪感"、丑化西方资本主义、对个体生命意识重视不够等问题。而这些问题极大地影响着幸福人生的创造者和自由社会的建设者的培养，但它却没有引起人们，特别是中小学广大教师的重视。

从关注教学效率的角度讲，"怎么教"自然比"教什么"更重要。因为"怎么教"更多地关涉学生课堂的参与程度、学生学习过程中的自主程度、学生知识建构的水平。比如，直观教学就是解决怎么教的问题。所谓直观教学，不仅是凭借书面文字学习符合特定目的的内容，而且凭借实物，通过儿童自身的感受去学习，从儿童可以经验到的自然和社会环境中选择教学的内容。

其实，"怎么教"更涉及我们有什么样的儿童观和我们究竟要培养什么样的人。今天，国民的创造力已经越来越成为一个国家核心竞争力中的关键因素，而这正是我们的弱势。学校教育中导致学生创造力缺乏的原因究竟在哪里呢？概括地说，恐怕就在于学生自信心、生活激情的下降，批判求异精神的匮乏，创新视野的限制，情感体验单一、苍白，缺乏对知识自主选择的机会和知识结构的失衡，缺乏应有的放松心态，过度焦虑、过度的竞争压力导致人际关系紧张，缺乏交往中的智慧碰撞。还有，"标准答案"的"唯一性"也是束缚学生发散思维、扼杀创造性的具体表现。

许多学者提及了中国教育模式的诸多弱点，如重共性、轻个性，重服从、轻民主，重主宰、轻主体，重结果、轻过程，重灌输、轻探索，重逻辑、轻形象等。它们严重破坏了青少年的学习兴趣和求知欲，磨灭了青少年的好奇心和创造性，致使他们思维钝化、想象力缺乏、丧失问题意识。当然，这背后有一个更为复杂的教育和文化的问题。

"教什么"和"怎么教"是密切地联系在一起的。比如，良好教育内容的一个重要特征是与学生的生活经验有一定的关联。没有一定的直接经验，间接经验（书本知识）就难以理解和掌握。对此，陶行知先生有过一个精辟的比喻——"接知如接枝"。他说："我们要有自己的经验做根，以这经验所发生的知识做枝，然后别人的知识方才可以接得上去，别人的知识方才成为我们知识的一个有机体部分。"（陶行知：《中国教育改造》北京：东方出版社，1996年版，第124页）对此，"怎么教"也需要做出努力来激活、丰富和提升学生的直接经验。直接经验对于每一个人的意义是不同的。有效教学是我们积

7

极寻求改变直接经验意义的活动。

教育是价值引导与自主建构相统一的过程。在价值引导上，"教什么"显然起着更重要的作用；而在学生的"自主建构"上，"怎么教"就更重要。

课堂教学不仅应该是有效率的，也应该是有灵魂的。效率更多地取决于"怎么教"，灵魂更多地取决于"教什么"，而"教什么"和"怎么教"都取决于我们究竟要培养什么样的人。这是教育的方向问题，也是教育的根本问题。良好的教育应该是正确的方向与有效的方法的统一。

中小学教师普遍缺乏的是对教学内容的批判性理解。他们把教科书上的内容视为不容置疑的，这种现象是普遍存在的。当然，有一个原因是考试指挥棒在起作用，但我们广大中小学教师缺乏自觉的社会文化的价值追求、缺乏现代民主政治意识也是一个重要原因。

知识观与教学

在中国教育界，"转变观念"喊了很多年了，为什么还在喊？原因是多方面的。一是观念转变是一个长期的过程。随着人们认识的深化，观念本身也是在不断变化的，不可能一劳永逸，所以"转变观念"就是一个常议常新的事情；二是我们的理论不彻底，停留在一般的口号上。理论不彻底就难以带给人们确信感，难以实现由知到信的提升。为了促进教学领域的"转变观念"，我们需要对究竟什么是知识有一个充分的讨论。

"知识"一词，在不同的语境中有不同的内涵。所谓知识观，就是我们如何看待知识，对知识具有怎样的性质，又具有怎样的功能的观念和认识。知识观是我们认识教学目标、教学过程以及教学的意义和价值的观念基础。教学中究竟应不应该强调知识？当前是否存在轻视知识掌握的倾向？诸如此类的问题，如果不对知识观本身做一个充分的探讨，那么，对于这些问题的认识就很难深化并形成基本的共识。

知识按照其所属的主体，可以分为公共知识和个体知识。公共知识是对人们认识成果的社会承认，即对于某一问题的认识，社会成员之间已经达成了共识。

知识是观念形态的，是人们"交互主体性"的产物。一个人所做出的命名（或命题），只有在交往中为其他人广泛接纳和认可，它才有可能成为公共知识。公共知识的表征形态包括专门术语、概念、具体事实、公式、常规、方法、方法论和各种原理的陈述，即命题。我们也可以将公共知识理解为种族经验。

"公共知识是建构的产物"，这一命题的衍生意义就在于：

以事实、概念、命题、公式、定理等为表征形态的公共知识并不是天经地义的，它不过是人们按照某一规则约定俗成的结果。

另外，区分知识的另外一对范畴是显性知识和默会知识（tacit knowledge，又译缄默知识、隐性知识）。所谓显性知识，是可以用语言文字或数字符号明确地表达出来的事实和意义；而默会知识是"只能意会难以言传"的体验、直觉、动作技能与心智技能。

我们以往在对知识的认识上存在着这样两个突出的局限和不足：一是"知识"等同于公共知识，这造成了个体知识的缺席；二是"知识"等同于显性知识，这造成了默会知识的缺席。这是我们的教学中不重视学生的参与、活动、体验、交往等建构知识的必要元素的观念上的原因。只强调对于书本上学习内容的掌握——熟悉、理解、记忆，不利于实现公共知识向智慧的转变。

强调"知识传授"的教学观是建立在如下的世界观和知识观基础上的：世界是物质的，物质是客观存在的，客观存在的物质是运动着的，运动是有规律的，规律是可以被认识的，即客观存在的物质的运动规律也是客观的，因而作为认识的成果的"知识"也就是客观的，所以将客观的知识教给学生就可以得到一个客观的结果，因而，也可以用标准化的考试做一个"客观"的检测。

对于"知识"的理解，决定着我们怎样理解教学目标、教学过程和对于教学成果的评价，进而影响着我们的教学策略和教学行为。只有当我们对知识的理解不局限于公共知识，而能够将个体知识——自主建构的成果纳入到我们的视野时，我们才能真正地关注学生对于教学的参与，重视教学中的交往和对话，才能真正实现有效的教学。这就是当前的课程改革重视过程和方法的理由，也是在更高层次上重视知识的体现。

教学是教师和学生的交往和对话，是师生双方的相互交流、相互沟通、相互启发、相互补充。在这个过程中，教师与学生分享彼此的经验和认识，交流彼此的情感、体验，拓展彼此的视界，求得新的发现，实现教学相长和共同发展。对教学而言，交往意味着平等对话，意味着社会性的意义建构，它不仅是一种认识活动，更是一种人与人之间平等的精神交流。对学生而言，交往意味着主体性的凸显、个性的表现和创造性的解放。对教师而言，交往是一起分享理解，是生命活动、专业成长和自我实现的过程。可以说，这种教学过程是走向解放的课堂教学规范的精神所在。它不仅不是轻视知识，而是在更合理、更有价值的层面上重视学生真正地获得知识，使书本知识真正转化为学生内在的精神财富。相反，学生在课堂上低水平的简单接受、胡乱的猜测和没有经过充分思考的琐碎、呆板的回答，学生对于问题的理解缺乏原创性和想象力，是无助于学生真正地掌握知识的。而这些现象都与将知识视为已有的现成结论，将教学过程简单地视为单纯的认识过程有关。

让学生掌握"公共知识"既不是教学的唯一目的，也不是教学的最终目的，"公共知识"只是一种载体。掌握"公共知识"的根本目的是为学生的发展，使学生成为认知的主体、道德的主体、审美的主体、自由与责任的主体，使学生获得精神的自由和解放。而学生对于公共知识的掌握，需要一个咀嚼、玩味、吟咏、体察、如切如磋、如琢如磨、掩卷沉思、反复推敲、探幽察微的过程。况且，我们只能通过知识的建构来发展学生的智慧能力，而这个建构过程在很大程度上取决于情境、氛围和人际互动，那么，强调情境的创设，强调学习的支持性的心理氛围的营造就十分必要。

教学与交往

改革开放以来，在我国教育理论界就教学目标的重点在认识上经历了一个从强调基础知识到重视智力开发与能力培养再到重视创造力、重视个性和主体性的不断深化的过程。而学生个体主体性的确立、弘扬和凸显，离开了活动和交往就难以成为可能，即人的主体性是在活动中生成和发展的。有鉴于此，在教学中，活动与交往，特别是交往所赖以进行和所生成的诸多品质，使得活动与交往本身成为教学的内容、对象和目标。

在我们今天的教育之中，杜威所批判的"传统教育"——"消极地对待儿童，机械地使儿童在一起，课程和教学法的划一。概括地说，重心是在儿童以外，重心在教师，在教科书以及在你所喜欢的任何地方和一切地方，唯独不在儿童自己的直接的本能和活动。"——并未绝迹。班级授课制教学简单地把认知活动从整体的生命活动中抽象、隔离出来，既忽视了作为每个独立个体、处于不同状态的教师与学生在课堂教学过程中的多种需要与潜在能力，又忽视了作为共同活动体的师生群体在课堂教学活动中双边多向、多种形式的交互作用和创生能力（叶澜，1995）。

其实，从文艺复兴以来，就不断有教育家反对学生被动接受知识，反对把学生当作知识的容器，强调重视学生的学习兴趣、自主活动和直接经验。在当代，更有学者强调要注重学生的"课堂生活的质量"，对"完成认识性任务，成为课堂教学的中心或唯一目的"的现存状态持强烈的批评，因为"我们需要课堂教学中完整的人的教育"。教学过程不只是一个认知性地掌握知识、发展智慧潜能的过程，同时也是一个完整的人的成长与形成的过程，是学生个体生命潜能多方位地得以彰显、深发、丰富的过程。

活动是学生生命得以表现的基本形式，活动过程是学生的内在潜能得以双向对象化的过程；离开了活动，学生的潜能就失去了得以凸显、生发、确证与表征的基础；"人的活动是社会及其全部价值存在与发展的本源，是人的生命以及作为个性的发展与形成的源泉。教育学离开了活动，就不可能解决任何一项教育、教学、发展的任务"。

交往是活动的最基本形式，亦是人的最基本的精神需要之一。交往不是静态的社会关系的总和，而是动态地表现出来的主体之间的相互作用。简而言之，所谓交往，就是共在的主体之间的相互作用、相互交流、相互沟通、相互理解。这是人的基本的存在方式。

交往所反映的是人与人之间的互主体关系。在交往关系中每个人都是主体，都是彼此间相互关系的创造者，并且都把与自己有关的其他交往者的主动性、自主性作为对话、理解和沟通的前提条件。换言之，交往意味着交往双方均为具有独立人格的自由主体。

有必要强调指出，实际教学过程的讨论中所论及的活动，应该是指教育过程之中学生的可观测的或者说外显的活动，而交往也应该是实际的人际交往。如果把内心活动、精神活动都包括在活动的概念之中，把间接交往与文本交往都包括在交往概念之中，那么，活动和交往的概念就被泛化了。而任何概念一旦被泛化，就离被消解不远了。

在教学中，交往具有意义的自足性。它源于人的精神需要，它不是外在于交往过程的一个目的，它存在于交往过程之中。交往的根本意义不在于获得某种认识论意义的"主体间性"，而在于展示、发现和发展自我，在交往中获得个人的完整性和全面发展。

在教学中，交往是一个有目的的活动过程，它是师生之间或是生生之间为了协调、沟通、达成共识，联合力量去达成某一个目的而进行的相互作用。交往既可以是一种比较高级的独立活动，也可以以其他活动的构成要素的形式存在于两个或两个以上的个体共同完成的活动中。利西娜指出：交往的需要是儿童众多需要中的一部分，因此，交往动机的发展与儿童的一些基本需要之间有着密切的联系。研究表明，作为交往动机之基础的需要主要有三个：对各种新印象的需要、积极活动的需要、承认与支持的需要。

无论是师生之间的交往还是生生之间的交往，都是学生个性心理发展的背景和条件，二者有其一致的地方，但也有差别。由于教师学识与人格修养方面的闻道在先，其对学生的发展更具深刻性和长久性；而生生之间的交往由于其更具平等性、更无拘无束和非强制性，它能更好地促进学生的主动性、创造性和民主平等精神的发展。生生交往对学生学会理解、尊重同伴，平等地接纳他人，宽容差异，对于促进学生社会知觉的发展、交往技能和自我意识的发展以及克服自我中心都有着非常重要的意义。

在师生的交往关系中，师生之间毋庸置疑存在着差别。因此，学生要取得与教师平等交往的自由，他们必须不断地提高自己、发展自己，使自己具备各种才干与自我负责的态度等。而获得这种素质就是交往教学论称之为"解放"的教学目标。

平等、真诚、开放既是师生之间有效沟通的条件，也是进行交流沟通的目标。高高在上的老师，怎能听到学生真情的呼唤？自以为是的学生，又如何听得进老师的肺腑之言？因而，在教育中肯定交往的意义，暗含着对平等、民主的人际关系和个体开放心态的倡导，以及对差异和独特性的尊重与鼓励、对个性和主体性的崇尚。因为平等、开放、差异性、独特性、主体性等都是师生之间有效地、高质量交往的前提。

从教学模式到教学艺术

近年来，随着教学思想的转变，教学改革和教学实验对多样化教学模式的探讨日趋活跃。中小学教学实践中出现的各种新的教学模式的试验研究取得了令人瞩目的成就，如自学—指导模式、目标—导控模式、问题—探究模式、情—知互促模式等都已具有较大的社会影响。

　　教学模式既是教学理论的具体化，又是教学经验的一种系统概括。由于它有着较为稳定的教学活动结构框架和活动程序，特别是相对教学论中有关过程或"本质"的一般阐释而言，教学模式更易于理解、把握和运用，因而它对于推广和普及先进的教学理论与教学经验具有重要的价值。赫尔巴特原创的、曾风行于世界的"明了—联想—系统—方法"的"四段教学法"，杜威提出的"暗示—问题—假设—推理—验证"的"五段教学法"，都是教育史上有着重要影响的教学模式。

　　所有的模式都具有简略性。人们不必要也不可能将现实的教学情境完完全全地复演出来，因而教学模式只能根据一定的教学理论，在对实际问题（教学活动）提出假说的基础上，针对实际问题的解决步骤进行模拟或仿造。即它只能抽取某一类型教学程序的主要因素，并将之组合。正因为如此，模式才成其为模式，并富有重要意义。因为"没有与模型的抽象性有关的简化，就不可能从构建模型中获得任何东西"。可见，没有简略性，就没有模式。在这里，简略性是以一定程度的抽象性为条件的，它使模式高于实践，并为指导具体的教学实践活动服务。

　　研究与开发教学模式是丰富和发展教学理论的重要措施，也有利于将教学理论应用于教学实践。教学模式对于初上讲台的年轻教师和文化教育相对落后地区的广大教师有着

直接的参考价值和借鉴意义。教学模式对于他们来说具有
"行为指南"的作用。就像练习武术,首先得熟悉武术的套
路:从一招一式开始,当对这些招式掌握得十分娴熟以后,
才会有个性化的东西,渐渐地才能达到出神入化、左右逢
源、游刃有余的境界。因此,开发和推广各种各样的有良好
教学效果的教学模式仍是十分必要的。

任何事物往往都具有两面性,优点和缺点总是交结在一
起,教学模式也不例外。教学所依存的条件是十分多样和微
妙的,因而具体的教学情境千差万别。正如我们经常说的,
没有完全相同的两个学生,也没有完全相同的两节课。尽管
任何教学模式都有明确的应用目的或中心领域,而且有具体
的应用条件和范围,有一定的针对性,但"模式"只能是"模
式",它有着天然的局限性。

教学模式的天然局限性依靠什么来超越呢?我们的答案
是教学艺术。教学艺术是凝聚、融合了教育机智在内的,针
对具体的教学情境而进行的对教学模式的创造性的运用,是
教师高度驾驭纷繁复杂的教学"变数"的能力的综合体现。
如果说教学研究者可以为教师提供有实践价值的教学模式的
话,教学艺术就只能是教师自主性的创造的成果。

教学艺术是教师教学主体性和创造性的最好确证,因为
没有对教学模式的创造性运用,教师的上课就容易成为"教
教案""教教材",而不是"教学生";教学就难以避免封闭

性、机械性、刻板与程式化，就难以避免教师唱独角戏和教师中心，就不可能顾及学生独特的生命表现和学生提出的非常个性化的问题；学生在课堂上丰富的精神生活、自主交往和个性展示就都将受到很大的局限。

教师教学艺术的创生能力，取决于教学经验的丰富程度，取决于对教学模式驾驭的娴熟程度，更取决于教师的资质和精神修养，这就是人们常说的"运用之妙，存乎一心"。假如你是一个内心世界非常丰富的人，一个富有爱心和教养的人，一个富有想象力和创造性的人，一个能够唤起人们对生活的热爱与柔情的人，一个能够"学而不厌，诲人不倦"的人，那么，你不仅可以成为一个优秀的教师，你也一定能胜任许多其他的工作。相反，假如你是一个内心世界苍白和贫乏的人，一个麻木和粗俗不堪的人，一个平庸和猥琐的人，一个不学无术的人，那么，你不仅不会是一位合格的教师，你所能胜任的工作恐怕是少之又少。

从丰富、具体的教学实践到抽象、简约的教学模式的生成，再到对十分个性化的教学艺术的呼唤与青睐，这反映了人们对教学活动——这一人类重要的存在方式和活动领域认识的深入。它是人类认识"从具体到抽象，再从抽象到具体"这一过程的生动体现。

关于教学的建议

（一）

教学不仅应该是有效率的，而且应该是有灵魂的。所谓"效率"就是能努力使学生有所收获，使学生灵活而又牢固地掌握学习内容，使学生在经验积累、认知能力的发展等方面在原有基础上有所提高。所谓灵魂，就是教学目标的最终追求是努力使学生成为尽可能完善的人，成为有灵魂、有头脑、有专长的人，成为幸福人生的创造者和自由社会的建设者。教学是一系列复杂行为，在这些行为背后，教师是否意识到直接和间接、当下和最终所能带给学生的究竟会是什么，可以区别出他究竟是一个教书匠还是一个真正的教育者。

（二）

在课堂上，教师要努力做到所有学生都在你眼中，所有学生都在你心中。教师不要忽略掉任何一个学生，这是对学生平等地尊重的表现。教师要适时提醒学生以正确的方式从事当前的学习，而不要对学生疏漏学习的行为放任不管。在课堂中，我经常发现一些老师对于学习兴趣不高、学习动机不强的学生（这样的学生往往坐在后排）的游离于课堂教学之外的行为视而不见，听之任之。这些学生很可能存在学业困难、学业落后的问题，但他们之所以学业落后，其中一个原因是他们在课堂上没有得到应有的关注。要知道，关注每一个学生是教学伦理的要求。

（三）

课堂不是咖啡馆，任何人都不可以随随便便，教师首先要牢固确立课堂神圣的观念。神圣的、庄重的氛围完全可以是温暖的、亲切的，这会使得每一个在场的人心灵自由地敞开而易于感受。课堂如果过于随便，就很难保证一个有秩序的和有效率的学习环境，也不利于培养学生自制和负责任的意识和能力。

（四）

教师要努力鼓励和引导学生对概念、命题做出深度理解，让学生学会解释并掌握一套解释技能。只有对概念和命题有真正的理解，学生的记忆才能深刻，学生也才能灵活地运用知识。学会解释，学生才能充分地进行智力体操，使头脑变得丰富。在对问题的解释上，学生要做到两点：一是解释的合理性，即解释是不是有说服力，能否得到事实和逻辑的支持，令人心服口服；二是解释的充分性，即是否穷尽了解释的可能性，除了这些解释还有没有其他别的解释。一个人思想的丰富和深刻往往体现在对问题解释的充分性上。

（五）

着力培养学生对他人的表现做出积极回应的意识和能力。教学的一个可能的定义就是：教学是情境的创设。情境如何创设呢？答案只能是来自情境中的人的相互呼应、支持、鼓励和启迪。如果在课堂上更多的人对他人的表现无动于衷、满不在乎，甚至充满不屑，就会销蚀人们表现自我的内在动机，课堂就会成为一潭死水。外在氛围的死气沉沉，久而久之，内在于情境中的人的内心就必然变得麻木不仁，甚至心如死灰。

（六）

在课堂上老师总是要彬彬有礼、客客气气，尽可能地使用礼貌语言。教师要用心呵护学生的自尊与自信，创造一种安全融洽的学习氛围。充满赞扬和礼貌的课堂气氛，有助于学生自尊水平的提高，也能大大减少有意破坏课堂纪律的行为。能不能在一些行为细节上尊重学生，是一个教师个人修养的重要体现。在课堂上，教师不仅要极力避免用极端的语言批评学生，还要有意识地忽略掉学生一些小的、无心之错。对于学生比较严重的错误行为，教师要表现出遗憾、惋惜和同情，要对于错误行为本身进行评价而不是对学生本人下一个定性的断语。

（七）

为了提高学生学习的成就感、个人价值感和参与课堂的积极性，教师在课堂上要尽可能引用、阐发、提及由学生提出的问题和观点，对学生在课堂上做出的贡献表示感谢；教师要提及并且赞赏学生在生活中取得的成就和他们引以为傲的个人特点。激励学生的方式很多，直接的肯定、表扬固然必要，而貌似不经意间的肯定往往有更好的效果。

（八）

在新学期开学时，每门课程的第一节课上，教师都应该帮助学生理解课程目标、课程学习的意义，组织学生制定课堂规约。帮助学生理解课程目标，有助于激发和培养学生的学习动机，使学生明确学习的意义。其实并不是所有教师都能丰富和深入地理解课程的意义，这就将妨碍教师将课程的学习内容与学生的日常生活和社会实际很好地联系起来，进而妨碍学生对学习内容的理解和迁移。组织学生制定课堂规约有助于培养学生制定规则的能力，这也是民主社会的建设者所必须具备的重要素质。而且，课堂规约是学生自己制定的，这也将有助于他们理解规约的必要性和增强遵守规约的自觉性。课堂规约要求要合理、明确、一致，而不是越严越好，或越高越好。它可以在上学期本课程的课堂规约上适当修改、提高和完善，引导学生评估上学期全班同学对规约的遵守情况。

（九）

在期末考试前，教师可以鼓励学生尝试着为绝大多数学科出一套考试试题，并让学生对试题质量进行评判。这将有助于学生理解考试及各类考试题型的意义，特别是对于培养学生的自我导向的学习意识和能力、系统复习学习内容、学会抓住学习内容中的重点和难点都将有所帮助。考试是教学的必要环节，它不仅能够提供教学及学生学业掌握情况的反馈信息，而且有助于引导学生将所学知识融会贯通，综合性地解决复杂问题，督促学生系统复习，使知识学得巩固和灵活。为什么要考试？学生是否真正明白呢？当人们不明白为什么要做一件事时，做这件事的动机和意义就会大打折扣。

教学：认知、交往和审美

有学者指出，20世纪90年代以来，许多跨文化的智力测验证明，中国人的智力在全世界各民族中是最高的，能与中国人智力相提并论的只有犹太人和亚洲的一些民族。但是人们也发现，当中国的孩子们经过幼儿园、小学、中学、大学这条教育的"流水线""加工"之后，有些"产品"的质量却不如西方发达国家。为什么？就是因为当我们的学生在为考试得高分而拼命地算题、背书的时候，人家的学生却在那里高高兴兴地干着自己喜欢的事情，发展着他们的创造力、人际交往技能、语言表达能力、审美鉴赏力等。我认为，之所以出现这种局面，与我们过去将教学过程片面地视为获取知识的认识过程不无关系。

个体的精神需要可以概括为认知、交往和审美。教学，作为师生共在的精神生活过程，是认知、交往与审美交互作用、相互生成的过程。国际上把教育分为四个层面：知识教育、能力教育、创造教育和审美教育，而任何一个层面的教育都离不开认知、交往和审美的和谐统一。

认知过程无疑是教学过程的主要方面，它包括感知、理解、记忆、想象等，是学生掌握概念、术语、原理、命题、公式、事实的心理过程。在许多教师的观念中，学生是嗷嗷待哺的婴儿，如果不喂给他（她）食物，他（她）就可能会被饿死。所以，教师总是强调给学生"全面""系统"的知识。这种观念仍然是与对学生主动学习能力缺乏足够的信任相关的，而这一观念存在的"合法性"也得到了整个教学制度的支持——课程与教学的分离，考试与评价以对基本知识的掌握为重点。

着眼于人的全面成长的教学过程就应该是一个由认知所主导的过程，但认知中有交往，也有审美，正如交往中一定有认知和审美，审美中有认知和交往一样。三者你中有我，我中有你，相互渗透，相互生成，共同构成富有生机与活力的教学过程。

教学中交往具有意义的自足性，它源于人的精神需要，而不是外在于交往过程的一个目的，它存在于交往过程之中。交往的根本意义不在于获得某种认识论意义的"主体间性"，而在于展示、发现和发展自我，在于在交往中获得个人的完整性和全面发展。

一般来说，每一个个体的一生都是在交往中度过的。人类世代积累的知识经验可以凝聚在物质财富和精神财富之中，但每一个个体掌握的知识经验却是从与人类知识经验的活的载体——成人的直接交往开始的。

交往是一切有效教学的必需的要素。任何先进的传播媒介之所以不能取代教师，其中一个重要原因就是教师能创造富有情感的氛围。而富有情感的氛围与师生之间、生生之间的交往有着共生关系，即富有情感的氛围既是交往的条件，也是交往的产物。强调交往在教学中的意义，也将有助于更新教师的教学观念：对教师而言，上课是与人的交往，而不单纯是劳作；上课是艺术创造，而不仅是教授；上课是生命活动和自我实现的方式，而不是无谓的牺牲和时光的耗费；上课是自我发现和探索真理的过程，而不是简单地展示结论。因为只有的的确确地交流了，我们才能设身处地地为他人着想，我们才能真正地理解和尊重对方。

教学过程不仅是一个认知和交往的过程，还是一个审美的过程。其审美的对象不仅包括人类的智慧之美——科学美与艺术美，也包括人性之美和教师的人格之美。从某种意义上说，一台戏也好，一堂课也罢，都不能孤立地看作是一次单纯的职业行为。因为任何职业都是受制于人的因素的，其中就包括人的敬业精神、从业态度等。一个教师，其实也是社会舞台上的一个"角色"，他在讲台上讲课，更是在社会舞台上"做人"。教师的一言一行，都是在向学生乃至社会展示着自己的人格品位。

教学过程的审美特性体现在具有理智挑战的认知过程中，体现在师生平等、融洽、和谐的交往之中，体现在师生的心灵晤对中，体现在充满愉悦和成功的生活体验中。而在我们的教育中，严苛的规训和强制纪律仍然司空见惯，人们对它也熟视无睹、习以为常。这大概就是因为严厉的管束在中国是一个古老的传统。很多人喜欢它，很多人认为它是最省事的，甚至是唯一可行的措施与手段。

日积月累的重复训练，完全抑制、阻塞了一个孩子自由想象的空间。他们习惯了把内心和个性完全隐藏起来。其实，在学校教育中，学生的创造力是在集体中表现出来的，没有自由、安全、愉悦的集体气氛便不能培养学生最佳的创造力。

从根本上把传统课堂教学沉闷的"呈现—接受"模式变为生动的"引导—发现"模式，"在引导下的发现"和"在发现中的引导"充分展现了课堂教学动态生成性的格局。焕发课堂教学蓬蓬勃勃、生生不息的生命活力，应该成为我们教学改革的方向。

只有将教学过程统一于认知、交往和审美，作为学校中心工作的教学才能担当如此重任，才能使教学过程成为磨炼意志、升华思想、陶冶性情、净化心灵、沐浴灵腑的过程。

教学要达到怎样的目标

教学，作为学校教育的主要途径和形式，作为学校的中心工作，作为特殊的社会实践活动，无疑应该有自己的目标。教学目标不能简单地等同于教育目标，尽管二者有着极其密切的联系。教学目标应该是一个多层次的序列：一节课的目标、一个教学单元的目标、一门课程的目标和作为学校教育中心工作的目标。而这些目标都必须自觉地指向我们教育的人的培养目标，使其成为实现教育目标的一个步骤而存在。

"教学"是指由教师所引起、维持或促进的学生学习的所有行为。它的逻辑必要条件主要有四个方面。

一是引起学生学习的意向，唤醒学生的学习需要，包括学生学习动机的培养与激发。学习动机的培养与激发是两个不同的概念：动机培养是使学生把社会和教育的要求变为自己内在的学习需要的过程；而激发则侧重于把已形成的学习需要调动起来，以提高学习的积极性。培养是激发的前提，动机的培养着重于兴趣和求知欲的培养，而激发又必然会进一步加强已有的学习动机。

二是与学生就教学所要达到的目标达成共识。首先，这个目标是自觉指向教育的最高目标的，即教育所要培养的完整的人；其次，这个目标高于学生已有水平，而又是学生通过努力可以达到的。通过师生间的沟通与交流，学生明确每节课的具体目的和知识的具体意义。

三是规划学习领域和提供必要的课程资源，包括提示或展示学生所需要学的内容。因为内容是认知、情感、态度与技能的载体，也是学生与教师精神生活的刺激物，是师生对话的平台。

四是采用便于学生理解的、最能调动学生主动性的方式。在今天特别应该提倡合作学习和探究学习，并使所有的学习都能提升到自主学习的水平。教师应创设问题情境，营造敢于质疑问难的学习气氛，利用学习结果的反馈作用激起学生的求知欲和学习的积极性。如果不具备这些条件，即使教师教得十分辛苦，这样的教学活动也不能称之为真正的教学。

从一节好课的标准来看，教师设置恰当的教学目标并始终明了这一目标对于整个教学的统帅作用，是取得良好的教学效果的关键。

"每一时代的理论思维，从而我们时代的理论思维都是一种历史的产物，在不同的时代具有非常不同的形式，并因而具有非常不同的内容。"（马克思）今天学校的教学目标作为"一种历史的产物"，是当代社会文化发展水平及其趋势要求的反映，概括起来讲有以下四点。

第一，培养学生健康、丰富的个性。个性，即个体的整个精神世界，其核心内容是主体性与创造性。高校教学之所以要把培养学生健康、丰富的个性作为首要目标，原因就在于：个体的主体性是个人生活的灵魂，没有个体的主体性就谈不上自我选择，而自我选择是个人价值的自我确证（有选择才有自主的尊严），是个人自由因而也是社会自由的保证。自由首先意味着责任，因为一个由无自我责任能力的个体组成的社会只能导致社会的无序或专制主义，所以，个体主体性的发展是健全、公正、民主的社会建立的基石。任何个人，不论他在社会中扮演什么角色，他首先是生活的主体。而生活的真谛就是自我选择。教育作为社会大系统中的一个子系统，良好的教育教学目标无疑应该促进受教育者个体主体性的发展。

个性既是教学的首要目标，也是教学动力的巨大源泉。只有调动学生整个精神世界的驱动力，教学才可能摆脱外在力量的诱迫而成为学生内在的追求；教学才能摆脱整个教育追求"外部报偿"，从而避免损害对教育真正价值的追求；教学也只有以发展个性为目标，任何教学动力措施才能摆脱手段的局限而获得合规律性与合目的性的统一。

苏联合作教育学派的学者认为，教育的人道主义要求我们使下一代确立新的学习动机，使他们从学习的内部获得推动力。为此，我们必须使学生乐学，感到获得成功、进步和发展的快乐。这里的关键问题就在于建立起合作的师生关系，而这只能由教师在与儿童的交往中产生，而交往则必须从儿童的个性出发。因为儿童有自己的感性和情感世界，他同教师一样懂得失败的痛苦和成功的喜悦，所以，教学必须让学生时时体验到他们的个性所受到的尊重以及教师对他们的关怀。只有合作的师生关系氛围，才能带来学生学习的快乐和成功，才能培养学生热爱思考并且善于思考的习惯。

近年来，呼声日渐高涨的教育的人道化无非就是要求彻底实现整个教育过程的个性化和人格化，要求将学生的个性发展作为教育过程的基本目标。学生个性发展的尺度，成为衡量教师、学校以及整个教育系统工作质量的尺度。

第二，切入并丰富学生的经验系统，实现知识向智慧的转化。经验，即个体在生活境遇中的种种经历及其体验，它是个体精神生活的巨大源泉，也是间接知识转化为个体精神财富的中介，是构成个体认知结构的重要因素。经验是活动的产物。我们这里所指的活动，是指由外部行为动作构成的主体与客观世界相互作用的过程，是个体意识能动性和个性能动性的高级表现形式。活动的本质特征是个体的主动参与。活动过程是活动主体的个性创造力双向对象化的过程：一方面，通过活动，个体的创造力、潜能、天赋、审美鉴赏力、个性等得以表征、凝固在活动过程中和活动结果上；另一方面，活动又丰富着、发展着个体的个性潜能、资质和素养。人们发现，单纯地系统讲授教学，效果并不理想。

现代教学模式论认为，"教学就是环境的创造"。这是一个十分有意义的观点。创造一个有利于培养学生健康、丰富个性的环境，强调教学中师生的民主、平等、友善与合作，把教学过程视为学生的个性发展与完善过程，在教与学的过程中处理学生成长与发展的全面问题，是教学中实现培养学生健康、丰富个性这一首要目标的基本条件。

因为任何人的成长和发展都是在一定的时空中、一定的情境中、一定的过程中实现的。正如教育心理学家林格伦（H. C. Lindgren）所指出的："人有一种使自己成为有能力和有效力的持续的内驱力；能力和效力主要是学习的结果；能力发展有赖于学习，而这种学习是被环境中所察觉到的变化激起的。"布鲁纳曾强调指出："人唯有凭借解决问题或发现问题的努力，才能学到真正的发现的方法。这种实践越积累，就越能将自己学到的东西概括为解决问题和探究问题的方式，掌握这种概括的方式，对他解决各种各样的问题是有效的。"可见，创设轻松愉快、生动活泼的教学情境与重视教学过程的探索性二者是内在地统一的。良好的教学过程应该是充满智力挑战、怡人性情、益人心智、变化气质、滋养人生的精神漫游。而只有这样的教学过程，才有益于个体精神世界的丰富、个性和创造力的培养。

我们知道，在教学中，要使学生对教师所教授的知识、理论、思想产生"共鸣"，需要有这样一些条件：它们能够通过逻辑防线、情感防线和伦理防线并能达到"最近发展区"。也就是说，这些知识不仅是可以接受的，而且是学生个体认识中前沿性的问题，这样，教学过程中才会出现"内心的敞亮"，才会有"茅塞顿开、豁然开朗"这样一种认识过程中的飞跃。孔子讲"不愤不启，不悱不发"，就是讲教学要有一个合适的时机，没有好的时机，就没有好的效果。皮亚杰曾指出："卡尔·马克思一个根本的社会学命题就是：人为了生产而作用于自然界，但同时也受自然法则所制约。在对象的特性和人类的生产之间，这种相互作用也在认知心理学中为我们所发现。我们只有作用于对象并改变它时，我们才认知对象。"可见，通过活动可以创造时机。

第三，帮助学生建构人类知识的完整图景，促进学生智慧能力的全面发展。人类的知识本身是一个有机的整体，在狭隘的学科观念背景下，过分地局限于本学科知识与内容的讲授，不仅会禁锢教师自身思想的自由驰骋，也不利于我们培养视野开阔、才思敏捷、具有雄浑浩博的哲学气质的人才。任何一门学科的学习，都应该将其放在人类文化广阔的知识背景之中，从而建构出人类知识的完整图像，使学生所学的知识融会贯通、触类旁通、举一反三。为了适应科学技术发展的整体化趋势，国际教育界普遍强调对学生进行博才教育，如美国提倡在重视基础理论的同时，对学生进行"百科全书式"的教育；日本提出要改变过去那种专业科目繁多、划分过细的"纵向深入型"的培养方法，决定培养"世界上通用的日本人"。而对学生进行博才教育，单纯依靠广开课程显然是有局限性的，它必须同时依靠课程的综合化、确定教学的跨学科目标等途径来实现。着眼于单一学科所要达到的目标，而忽视了跨学科的目标，这样的教学目标就缺乏系统化或结构化，不仅不利于帮助学生形成有机的、完整的人类知识图景，而且还会肢解完整的精神生产过程，导致智慧能力的片面、畸形发展。

"软化或者排除僵死的科目界限"与传统的教学科目相比，它每门学科的界限被软化，强调相互衔接，例如，在物理、生物和技术系统中都讲能量转换；在恒星、有机体和社会中都出现演变问题。"概念是人类思维的基本构成，那些同一个学生如何看待这个世界没有多重联系的概念不可能记住或有用""当概念融合在各种背景之中并以各种方式来表达时，才最容易掌握"，这种学习更多的是为了掌握认识的手段，而不是获得经过分类的系统化知识。我们既可将其视为一种人生手段，也可将其视为一种人生目标。作为手段，它应使每个人学会了解他周围的世界，至少是使他能够有尊严地生活，能够发展自己的专业能力和进行交往。作为目的，其基础是乐于理解、认识和发现。

课程的综合化要求教师有广博精深的科学素养，有一种居高临下看待复杂问题的能力。而课程综合化的有效途径之一便是以课题研究来促进课程建设。

我们的教学以人的培养为目标，只有使我们的受教育者感受到一种个性成长的需要和心灵成长的力量，我们的教学才真正找到了调动学生学习积极性的源泉，才真正找到了教学过程得以深化和拓展的强大动力。知识、能力、个性这三者就统一在能力是知识的个性化这一点上。离开了知识和能力，个性就成了空洞之物。而知识只有主体化、个性化，才有生命力。否则如假牙、假发一样，它们仍旧是没有生命力的东西，仍旧是身外之物。

第四，提高学生的需要层次。任何人的意志行为都是由一定的需要所驱使的，而需要是有层次的。高级需要的出现往往以低级需要的满足为条件，这是问题的一个方面。问题的另一个方面是：高级需要一旦产生，就可以改组、压倒低级需要。例如，"吃"属于低级需要，但对于具有高级需要和不具有高级需要的人来说，同属于"吃"的含义是不一样的：前者吃是为了活着，而后者活着仿佛就是为了吃。

行为满足自身的需要不一定就是损人利己的。在人格发展的高层次，利己和利他是统一的；而只有在人格发展的低层次，利己和利他才是对立的。杀身成仁、舍生取义，就是具有高级需要的人所做出的意志行为。在这里，"成仁""取义"的需要压倒了肉体生存的需要，满足了主体的高级需要，利己与利他达到了统一。

把教学过程单纯视为知识传授的过程或最好的情况下把教学过程视为知识传授加能力培养的过程，在我们今天的教师队伍中是大有人在的。比较先进的教育理念把教学过程视为：知识的建构＋情感丰富、细腻和纯化＋态度与价值观的形成和完善以及思想的升华＋智慧能力的培养，特别是学习策略和思考策略的培养＋健康丰富个性形成的过程。换言之，教学过程是教师展示自己丰富、独特、完美的个性的过程（是自然的展示而不是炫耀或卖弄）；是教师借此充分调动学生整个个性的内在力量来促进、深化、拓展教与学的过程（如优秀的教学是学生的强大动力，是学生整个学习的中心，学生的整个学习以至生活都有可能成为教学的持续与拓展）；是师生之间独特的社会生活体验的过程；是师生，尤其是学生全面成长，特别是精神世界丰富、纯洁、深邃的过程；是学生在教师引导下日益丰富和深刻地参与与有教养的人类进行对话的过程。因为，人只能由人来建树，性格只能由性格来塑造，人格只能由人格来培养。

从历史唯物主义的观点看，人们需要的出现及其满足，是由社会发展的水平决定的，但教育作为一种价值引导工作，具有提高人的需要层次的功能。提高人的需要层次，促进受教育者人格的完善，是教育的重要使命之一，也是教育促进社会文明进步的着力点。学校教学应该着力培养学生理智的好奇心，培养学生关心人类命运、有益于社会、有益于人类的胸臆与襟怀，使受教育者在促进人类文明进步中实现自身的价值。

　　培养学生健康丰富的个性、切入并丰富学生的经验系统、帮助学生建构人类知识的完整图景、提高学生的需要层次，这一教学的目标体系，是针对教学应该具有的共同追求提出来的。不同内容、不同性质的学科的教学，应该据此提出自己更为具体的教学目标。另外，这些目标都不应该是孤立存在的，而是一个有机的整体。只强调某一类型或层次的目标，或者仅仅着眼于单一学科所要达到的目标，而忽视教学的整体性目标，致使学校教学目标缺乏系统化和结构化，必然会影响教学效果。

教学中交往的价值

　　在教学中，交往实际上构成了学生的智力背景，并使学生真正地涉入由不同个性和视界所构成的"精神场"。具体说来，教学中的交往具有以下五个方面的功能。

　　第一，经验共享。在知识教学中，当概念融合在各种背景之中并以各种方式来表达时，它才最容易掌握。因为这可以确保有更多的机会使概念牢牢扎根于学生的知识系统中。交往不仅在知识教学中有重要意义，在道德教学中同样有着重要的价值。因为"道德教育是培养人的责任感：首先是对自己的责任感、对自己长远利益的责任感，学会如何处理和解决环境中出现的问题；其次是对他人的责任感，培养利他之心，与他人分享生活经验，诚信合作，互相帮助。"对交往的强调，意味着不仅重视学生的学习结果，而且更重视学生的学习过程；意味着对学生个体经验的珍视和对学生生活世界的积极关照。

第二，学会合作，消除个人中心。教学中的交往对于增进人与人之间的相互了解、温情与信任，让学生掌握处理人际关系的技能、技巧与策略，学会有效地表达自我有着十分重要的作用。麦克费尔（Mcphail，P）认为，为了使学生实际地学会体谅别人的生活方式，就必须建立一种鼓励学生实践民主的教学结构。因为只有在与别人的合作和交流中，学生才能学会理解、尊重别人，考虑别人的需要和意图，并在此基础上做出自己的决定并对这种决定负责。成功的交往活动意味着交往的主体间性关系在逻辑上是一种相互平等、相互尊重、相互承认的关系；意味着交往双方必须遵守交往共同体内的规范、准则，相互间履行一定的义务和责任。交往可以培养、发展学生真正的责任意识和义务感，责任感的培养也只能在人与人的交往中，通过责任的承担来实现。

第三，发现自我。交往是主体意识形成的重要条件，"人起初是以别人来反映自己的。名叫彼得的人把自己当作人，只是由于他把名叫保罗的人当作是和自己相同的。因此，对彼得来说，这整个保罗以他保罗的肉体成为人这个物种的表现形式"。（马克思）社会交往也就是"人们对人们的加工"，它通过彼此作为活动主体而形成。每一个学生都生存于某一种特定的社会环境和社会关系，正如马克思所指出的：人无论如何"天生是社会动物"，"不仅是一种合群的动物，而且是只有在社会中才能独立的动物"。社会化，构成了个体心理发展的重要过程。在家庭之后，学校是个体必然要接触的第一个社会机构，是他学会自己与陌生人相处的场所。儿童只有在与同伴交往中，才会把自己的观点与别人的观点相互比较，从而认识到自己的观点与他人的观点有别，从而对他人的观点提出疑问或修改意见。只有在与同伴的交往中，儿童才能摆脱权威的束缚，互相尊重、互相协作，发展自己独立的评判能力。

第四，达成共识，组织共同的活动。康德曾指出：人有联合他人的倾向，因为他在和人交往状态中有一种比个人更丰富的感觉，感到更能发展自己的自然禀赋。教育是人和人心灵上的最微妙的相互接触。交往发挥着人们相互结合的作用，并在交往过程中形成人与人之间相互影响与相互作用时的行为准则。从某种意义上可以说，各个个人在交往过程中的联系是群体作为整体结构存在的唯一条件。人与人之间存在着特殊性和差异性，他们可以通过交往而相互承认、理解，达成共识，获得双方共同认可的、具有普遍性的规则和规范。通过交往，主体超越自我的界限，在自我的不断开放和更新中，与他人、社会和世界达到一种融合，从而在相互超越和无限开放的过程中达到沟通和理解。

第五，弘扬个体主体性，形成健康丰富的个性。"健康人格意味着人把自己看作是一个人，一个拥有自由和责任的人，而不是一个感情冲动的消极工具或他人所期望的人。对他人方面，健康人格也把他人看作是一个人，而不是物或工具。像布伯指出的那样，他们生活在与同等地位的人的'我与你'的对话关系之中，而不是'我与他'的关系。"科尔伯格也曾指出："道德发展来自社会冲突情境中的社会性相互作用"，是"个体与其所在社会环境中的其他人的一种交流"。既然交往是人的一种基本的需要，那么，满足并提升这种需要就是健康丰富的个性发展所必需的。

教学中的交往何以具有上述功能呢？这是一个有待进一步探索的重要问题。但从我目前已有的认识来说，以下四点是可以肯定的：教学中的交往使学生间的合作与竞争成为可能，而无论合作还是竞争均是学生学习和发展的强大动力；交往是个体之间面对面的交互，因而使及时反馈成为可能；交往使师生间的视界融合（fusing of horizons）成为可能；交往使课堂生活生动活泼、多姿多彩成为可能，而生动活泼、多姿多彩的课堂生活是学生的学校生活之所以值得过的重要原因。无论是在青岛等地开展的活动教学的实验，还是在广州、海安等地开展的交往教育实验，都取得了良好的效果，这就是明证。

追求教学的最佳效果

关于教学，孔子有一个非常经典的表述："不愤不启，不悱不发，举一隅不以三隅返，则不复也。"（《论语·述而》）中国古代的教育智慧在这里得到了最凝练的确证与表征。

这实际上涉及教学的四个最基本的要素：一是教学的内容，即"一"。所谓"一"就是具有广泛迁移性的、能创造知识的、"含金量"较高的那些知识。全世界一流的教育家都在寻找这个"一"，克纳夫基和根舍因的"范例教学"就是最明显的例子。之所以要寻找这个"一"，首先是因为学生"学到的观念，越是基本，几乎归结为定义，则它对新问题的适应性就越宽广"；其次是如庄子所言："吾生也有涯，而知也无涯；以有涯随无涯，殆矣。"（《庄子·养生主》）"有涯"与"无涯"之间的矛盾是古已有之，在今天，这个矛盾是愈益尖锐。知识总量的激增伸新的创造所需要的知识基准愈益增高，尽管我们在不断地延长人们的受教育年限，但毕竟不可能无限地延长，因为生命本身是有限的。对于这个"一"的寻找，今天是愈益显得迫切了，这对我们的课程改革提出了持续不断、无可回避的挑战。

二是教学的时机。所谓"愤"，就是指人们苦苦思索而未果的状态；而"悱"则是想表达而又力不从心、言不及义时的状态。这样的时机标识着学生对于探索性的教学过程的积极参与——学生不是对现成结论的简单展示，而是从"存疑"到"释疑"并在新的基础上"生疑"的过程。这样的时机正是有效教学必须努力营造并积极捕捉的。

三是教学的原则和方法。那就是启和发：个人的成长经常表现为内心的敞亮，表现为茅塞顿开、豁然开朗、悠然心会；启发，即为心智的开启、思想的祛蔽、潜能的显发。今天我们谈"启发"，就不能不注意到理性霸权和教师权威在知识教育中的消极作用。理性霸权所孵化的知识暴力，挤压着我们的心理空间和精神空间；对知识的膜拜，压抑甚至泯灭着我们的创造力。在课堂上，学生俊逸奔突的才情、明睿深刻的洞察，由于来自教师权威的压力使得学生缺乏足够的自信而不能得以张扬和生发。为了在教学方法上适应创新教育的要求，布鲁纳的"发现学习"和施瓦布的"探究教学"值得认真借鉴。

四是效果，即如何使每一个学生在原有的基础上获得最大程度的发展，这是全部教育智慧的灵魂。当然，究竟"效果"意味着什么，这首先是一个价值判断，其次才是一个事实判断。在我们今天看来，良好的教学"效果"自然包括探索精神、创新精神的唤醒与弘扬，创新能力的发展和提升，创造型人格的生成与确立。

英国诗人艾略特（T.S.Eliot，1888—1965）在其名诗《岩石》中有这样一句发人深省的诗句："在信息中，我们的知识哪里去了？在知识中，我们的智慧哪里去了？"这大概是诗人对信息激增时代信息无所不在所发的慨叹，而它可以引发我们这样的思考：在教学中，如何实现由信息向知识的转化？又如何实现由知识向智慧的转化？

我们知道，在教学中，要使学生对教师所教授的知识产生"共鸣"，需要有这样一些条件：它们能够通过逻辑防线、情感防线和伦理防线并能达到"最近发展区"。也就是说，这些知识不仅是可以通过努力理解的，而且是学生个体认识中前沿性的问题。这样，教学过程中才会出现"内心的敞亮"，才会有"茅塞顿开、豁然开朗"这样一种认识过程中的飞跃。这就要求我们：一方面，即使是基础知识的教学，也应站在学科发展的前沿反观基础、改造基础、重建基础，以便更准确地把握那个"一"；另一方面，在教学的梯度上、在教学的适切性上要把握好分寸。

作为一种专业的教学

　　"学会教学"应该是每一位教师一生追求的理想！当一名教师第一次走上神圣的三尺讲台时，其实他就走上了追求"学会教学"的漫长而又复杂的旅程，其间充满了刺激与挑战。作为一名新教师，你已做好了"教学"的准备，"学会"教学了吗？作为一名"老"教师，你是不是常在反思：我真的"学会"教学了吗？我是不是还应该继续学习如何"教学"，以此达到真正的"学会教学"呢？

　　作为一位有追求的教师，认真阅读《学会教学》，它一定会对你一生专业理想的实现有莫大的裨益。怎样才算是"学会"了"教学"呢？《学会教学》一书提出了"有效教学"和"有效教师"的概念。它认为教学既是一门艺术又是一门科学，"有效教师"具有激发学生积极性、促进学生学习的全部教学技能，能实现融"艺术"与"科学"于一体的"有效教学"。本书从"教学"的历史视角出发，结合21世纪多元化的教育特点，从"教学的领导""教学的互动"和"教学的组织"三大部分详细阐述了如何进行"有效教学"，指出"教学的终极目标是帮助学生成为独立与自律的学习者"，只有这样才能达到"学会教学"的教育境界。

　　从这本书中，我学习了首先应该设计好教学计划。我知道了应该遵照所教学科的课程标准和社会价值取向来选择课程内容，然后把教学目标如同地图般清晰地呈现在学生们面前，让师生们都认清努力的方向和到达目的地的时间。我将对课程内容进行甄别，按知识维度的分类选择恰当的教学策略、方法以及教具等，并对教学时间和空间进行精细的设计。我会因此制订我的单元教案、周教案以及课时教案等教学计划。走进教室，我会关注学生的需求，相信学生的能力，运用积极的情调，以学生的兴趣和内在需要为基础，安排多元化的学习任务，力求让学生获得"沉浸体验"，以此来激发学生的学习动机，建立班级有效的"学习共同体"，促进集体的发展。站在讲台上，我会努力营造充满关怀的课堂，培养学生的自我管理能力，形成既开放多元又民主有序的充满生机的课堂。我理解了"评估与评价"对于学生发展的重要性，我会小心地使用科学而充满关怀的评估评价手段；我将既运用传统的测试和等级评定，也引入"真实性评价""成就性评价"以及"合作能力等级评定"等新方法来改善对学生的评估与评价，改变当今"应试教育"单一的学业成绩评定的方法，从而促进学生的发展，而不是让片面的评价阻碍甚至摧残学生的发展。

在这本书里，我学会了在教学中要采用灵活多样的教学方式来促进学生的发展。对于需要理解和记忆的大量的新信息，我会通过"设置情境—呈现引导—讲授材料—拓展思维"的"讲授和解释"教学模式来使学生获得丰富的知识。在以操作为主的学科中，如阅读、写作、数学、音乐、体育等，我将采取卓有成效的"直接教学"促进学生系统地学习事实性知识，通过循序渐进的教授方式，帮助学生掌握应用简单技能和复杂技能所需要的程序性知识。在"概念教学"中，我会事先精心选择恰当的例子和巧妙地运用直观教具对概念进行科学而生动的教学，建立起与学生的认知发展相适应的"概念体系"，促进学生高级思维的发展。

我当然不会忘记建立"民主课堂"的理想，所以，我会努力探索"合作学习"的方法。我会选择适合小组学习的材料和内容，设置需要学生互助的任务，并设计好适合合作学习的时间和空间，指导学生组成多个学习小组，让每个学生在各自的任务与角色中，体验学习，获得成就感，在"合作学习"中逐步建立起民主的观念与合作的能力。同时，为发展学生的探究能力、促使他们成为独立自主的学习者，我还会经常采用"基于问题的学习"的教学模式。我将设计恰当的问题情境，点燃学生探究的火花，积极为学生的探索活动做好"后勤"工作，指导学生做好个人和小组调查，并鼓励学生制作作品，举办展览，让学生在展示自己的才能和潜能中，激发对知识探索的热情。我还将在"课堂讨论"课中，合理使用教室空间，使我与学生更便于交流与沟通。我将精心确定讨论的焦点，鼓励学生参与，我会特别提醒自己在讨论中要"学会等待"，放慢节奏，扩大参与，以适应不同的学习者，增进人与人之间的相互尊重与理解。

读着这本书，我理解了学校作为我的工作场所，它同时也是一个人类社会系统，拥有自己的历史与文化，存在于特定的环境之中。我明白了"教学是一种在生活的许多方面都能体现价值的职业"的教师工作的本质。我学会了"与同事合作""与管理者和领导合作"以及"与家长合作"的策略和行动方法，并形成了为学校发展而工作的信念。

本书的编排体例严谨而独特，如置于每一章最开头处的逻辑图表和"读前反思"以及大量的教学图片和漫画，使读者一翻开此书，就在不知不觉中如同进入教室里，像有一位教师循循善诱地引导着我们进入教学的情境之中。这位教师娓娓道来，他阐述着每一种"有效教学"方法的坚实的理论支持与实践支持，阐释着每一种"有效教学"策略的计划与实施以及学习环境的管理。本书语言流畅、生动活泼，方法便利有效、可操作。而其对每一种教学模式的"评估与评价"，都能激起我们对此种教学方法进行"最后的思考"。本书的教学事例翔实、生动，既有理论的深度，又极富操作的可能，读之能提高理论素养，用之能实践具体教学，使得我们每一位教师都能从理论到实践真正地"学会教学"。

"学会教学"是每一位教师的终身追求，读了这本书并不能说就从此"学会"了"教学"，但它一定会成为你"学会教学"旅途中的一根拐杖，帮助你在"学会教学"的漫漫道路上走得更好，因此而欣赏到教育之路上秀丽壮美的无限风光！

第二章　优质课堂

公开课与常规课

我们将有教师同行参与观摩的课称为公开课，而将按照学校教学计划在教室中仅仅面对学生所进行的教学称为常规课。二者的共同之处在于：都要引领学生分享人类已有的认识成就，都要促进学生的自主学习，都要帮助学生获得全面成长。

公开课与常规课二者之间的一个重要区别就是：由于学生意识到公开课是在特定的情境下进行的，所以潜意识中收敛了自己一些诸如开小差等不良行为。特别是当学生得知今天要来给他们上课的是一位非常有名望的老师，他们就会异常兴奋，他们表现的欲望就会被激发出来，学生因此变得异常活跃，课堂因此变得异常热闹。而在常规课中，课堂管理是教师课堂行为非常重要的一个方面。

公开课与常规课另一个重要区别是：公开课的教学主题教师是可以自主选择的。教师可以选择自己擅长的、更有课堂表现空间的学习主题。正因为这个原因，有的名师一节课"上"遍全国，就不足为奇了。但在常规课上，你擅长不擅长的、喜欢不喜欢的都得教，很少有选择的余地。

有人把公开课比喻为T形台上的时装秀，这形容很是贴切。虽然我们不能将时装表演的服饰带到日常生活、现实社会中来，但时装表演中服饰的款式、面料、色彩却可以引领时尚，因为T形台上的时装秀是服饰时尚的体现者、制造者、引领者和推动者。

公开课受到非议的一个重要原因是它的表演性。公开课中有表演的成分，或者说得刻薄一点，有作假的成分。这可能是公开课的天然要素。因为这表演中包含着他要倡导的观念和行为——只有他（她）觉得好的、有效的、有价值的，他（她）才会努力去追求。理想总是高于而且先于现实（即日常的课堂）而存在，公开课总是要体现理想追求，上公开课的教师总是要把自己最美好的一面展示出来。只是由于有的上公开课的教师自我修养还没有达到应有的境界，有时就难免让人感觉不那么对劲。

但我们不能因此否认公开课的价值。公开课可以起到示范、观摩，为教师培训提供鲜活的教学案例，发现和培养教学新秀、展示教学探索的成果、为上公开课的教师的自我反思提供借鉴和契机等作用。

我曾经在深圳、顺德、福州、厦门、石家庄、赤峰等城市上过公开课，学科包括《语文》《品德与生活》《历史》《思想政治》，教学对象既有小学生，也有初中生和高中生。优秀教师黄瑞夷著的《有灵魂的教学》（黄瑞夷：《作文教学的趣味与境界》．福州：福建教育出版社，2006年第1版，第222～224页）对我的教学给予了评析和鼓励。

我上公开课有如下三点体会：① 课堂教学不仅应该是有效率和有效益的，而且应该是有灵魂的——我们需要自觉地给予学生怎样的影响？这就需要教师充分发掘教材内容，并自觉地给予学生富有高度的引领；② 教学中要有一些必要的环节，比如，一节课结束前五六分钟的回顾与分享。每一门课程的教学，特别是一些主题的教学，还是有一些成熟的教学模式的；③ 真正好的公开课是不太具有观赏性的，上好任何一节课，包括常规课，重要的是要设计出一个有思考空间的、能够引导整个教学进程的问题。

我设计的"优秀教师与教育专家合作论坛"的教师培训活动共有五个环节：首先就是教学观摩，然后依次为自我反思、专家点评、学术报告、现场对话。这是一种多方互动的教师培训方式，它是为了"宣传课程改革的精神，探索有效教学的途径，架设理论与实践的桥梁，服务于教师的成长"而创办的。五个环节可以用一天的时间，或一天半、两天的时间，这是一种活动、一种探索、一种分享、一个机会。合作论坛坚持以"公益性、探索性、互动性"为活动宗旨，目的是服务于中国的教育事业。我坚信：成就名师就是成就希望。

开放的课堂

杜威早就指出：学校应该成为民主社会的雏形。民主不仅是保障全体公民充分平等参与公共事务管理与决策的政治制度，民主更重要的是一种生活的方式、生活的态度，因而也是为人处世的个性与风格。这种个性和风格要在一个人的人格定型期（一般来说是0～20岁）通过民主的生活形态和生活氛围来自觉地养成民主的性格。因而，创设民主的课堂就十分必要。

民主的课堂首先是开放的课堂。对于课堂而言，开放是民主的体现，也是民主的保障。开放的课堂宽容并鼓励学生提出有深度、开放性的问题，允许学生有不同的答案，鼓励学生多元思考，着重培养学生理性的怀疑与批判精神。当前，我国绝大多数课堂的显著弊端之一便是教师对于课堂的过度控制。教师固然是教学的主导者，教师有权调控课堂并引领教学的进程，但教师的过度控制妨碍了学生自主性、独立性和主动性的发挥，而尊重学生的自主权和主动性是开放课堂的重要特征。为此，教师需要经常引证和发挥由学生提出的观点，学生提出的创意、动议、建议和合理要求均需得到足够的关注、认同甚至欣赏。

开放的课堂是学生有着情绪上的安全感的课堂。不论学生提出的问题在教师看来多么奇怪、多么荒唐，也不论学生对问题的理解多么离经叛道，教师都应能理性地、心平气和地对待，并能视为重要的教育契机，引导学生有条理地思考、有根据地思考和批判性地思考。质疑是学生建构知识的重要环节，质疑意味着有根据的怀疑，意味着把一切放在理性的天平上去考量，去思考别人思考过的问题，而不是简单地接受。如此，我们才能培养不轻信、不盲从、不唯书、不唯上的自由社会、民主社会的建设者。

开放的课堂重视学生实质性地参与教学过程，即经由师生之间平等的协商沟通，学生对一门课、一个主题单元、一节课以至一次教学活动有合理的期待。教学的重要价值之一就是不断地唤起学生对于未来、对于成长热烈的憧憬与向往，让学生学会想象未来，学会规划生活，设计自我，进而创造未来。优秀的教师总是能够把人生美妙的前景呈现在学生的面前，让学生带着渴望、带着创造未来的冲动去成长。

开放的课堂不囿于按教师课前设计好的教学流程展开教

学，它关注学生当下的生活，关注学生的处境、学习的需要与感受，关注不同学生已有的经验背景。它关注的中心不是教师预定的教学进度，而是学生真实的收获。在课堂中，只有学生是作为有着广阔的精神生活背景的完整的人，全身心地投入课堂生活，教学才有助于完整的人的成长。

开放的课堂注重学生对学习过程的反思与总结，注重学生对自我认识活动的监控。发展学生的内省思维，让学生学会认识加工，这是重要的学习策略和学习品质，有助于学生形成关注内心、"责人之心责己"、严于律己的人格品质。

创设开放的课堂，重要的是教师真正确立合理的教学目的观——教学不是"教"教材，也不是"教"教案，而是要服务于学生的发展。如果在某一问题上教师能够带给学生广阔的思维空间，能够引发学生的认知冲突，能够为学生提供广阔的展示自我的舞台，那即使不能完成预定的教学任务，教师也应该在所不惜。

特别值得提出的是，学生提出的问题，有些教师不能给予及时的、满意的回答，这应该是允许的。在今天这样一个资讯发达的时代，没有人是可以全知全能的，教师是学生探索精神和好奇心的重要保护者，是学生成长的守护者。

创造民主的课堂，关键在于教师的民主性格和民主作风。陶行知先生早就指出："民主的教师，必须具有：（一）虚心；（二）宽容；（三）与学生共甘苦；（四）跟民众学习；（五）跟小孩子学习——这听来是很奇怪的，其实先生必须跟小孩子学，他才能了解小孩子的需要，和小孩子共甘苦……（六）消极方面，肃清形式、教条、先生架子、师生的严格界限。"能够创造民主、开放、温暖、和谐的课堂的教师，一定是具有宽容、民主精神和尊重儿童的优秀品质的教师。

跳出课堂看课堂

——喜读《叩问课堂》

什么东西性价比最高？一本好书。

我们极有可能用一次短程的乘车费用，或一份普通的快餐费用，就可换取一种美好的际遇——在书中跟随作者遨游思想的海洋，贪婪地汲取精神的食粮。

翻开周彬先生的《叩问课堂》一书，跃入眼前的是一张书签，书签正面是一幅油画——一位少年枕书而睡，背面则是卡莱尔的那句名言："书中横卧着整个过去的灵魂。"其实，书中不仅横卧着过去的灵魂，更跳动着当下的脉搏。

当下，不论教育实践领域，还是教育理论界，都聚焦于我们的基础教育，关注师生相遇的地方——课堂。课堂是学生的生命得以展开的场所，是教师职业生活的前沿，也是怀揣教育梦想的人实现其理想的地方。然而，由于各自角色的不同，关注课堂的人要么游离于课堂之外，要么深植于课堂之中，总有一种遗憾。正如周彬先生所言："如果远离课堂，似乎就无法畅谈教育；如果置身课堂却又无法直面教育。"

那么，如何走出这两难之境呢？

周彬先生的回答是："跳出课堂看课堂。"他在文章中写道："跳出课堂看课堂，让我们离课堂远一点，再远一点，我们就能把课堂看得更加清楚与明白；跳出课堂看课堂，让我们消除对课堂已经充溢的感性，培育更多的理性，或许这样才能把课堂从感性的海洋中营救出来。"其实，"跳出课堂看课堂"不仅是为了避免"不识庐山真面目，只缘身在此山中"的近视的盲目，也是为了消除"雾里看花，水中望月"的遥远的朦胧。而恰到好处的视角便在与课堂有一定距离但又并非遥不可及的地方。作者将理论研究视角比喻为阵地战的"司令部""指挥部"，它不能建在浴血奋战的阵地上，因为身临其境的紧迫与琐碎不利于我们冷静地思考和抉择。"司令部""指挥部"也不能躲在离战争很远的地方，因为遥远而抽象的纸上谈兵终究于事无用，所以，只有把握好这个距离，才可能"运筹于帷幄之中，决胜于千里之外"。

作者正是以恰好的距离，透过旁人司空见惯的现象，叩问课堂问题的背后根源。全书按主题分为五辑："莫把课堂当秀场""让学生学习走出迷失之境""课堂教学中教师的进退之道""课堂教学何以为师生共享""考试成绩究竟是谁的命根"。作者从教师、学生和考试的角度，把脉课堂的病症，以其深刻的思辨和流畅的行文，给人以"山穷水尽疑无路，柳暗花明又一村"的感觉。

有人说，讲台如舞台，好的教师就是好的演员，果真如此吗？我曾在中学观摩过一堂语文课，印象最深的是教师的讲演。这位教师很有气质，姿态优美，声音动听，表情丰富。听课时，我没有注意讲课的内容，却冒出这样的念头：如果这位老师去做演员或主持人，既可算是偶像派，又属实力派，定将大红大紫。如此看来，教师和演员确有相通之处：都要有较强的表达能力（通过口头语言、肢体语言来表达）和感染力，将教学内容或剧本的精妙之处展现得淋漓尽致。然而，教师并不等同于演员。"教师和演员最大的不同之处，就是教师教学的目的是帮助学生学习，而演员的目的是要得到观众的欣赏，至于观众是否学会了演出技巧，那完全是另外一回事，与演员的演出功能没有直接联系。"因而，在书的第一辑中，周彬先生以"莫把课堂当秀场"为主题，劝诫教师不要"为自我的虚荣而演"，而应"为学生的求知而教"，因为"教学"是一个偏正名词，"教是为了不教"，教师的教是为着学生更好地学。

为有助于学生学习，教师首先要解读学生，了解为什么学生无心于课堂学习。在书的第二辑中，作者告诉我们，要以学生的名义解读"学生"。在学生的眼里,"学生首先是一个独立的人",他们有独立的情感追求和利益选择;"学生是一个日常生活的个体,而不是未来生活的工具",不能因尚未确定的未来而丧失学生当下的真实生活;"学生就是学生,他们并不是成人的缩影,更不是未成熟的成人",他们有自己的完整性,也许他们并不成熟,但他们的成熟并不是成人眼中的成熟,他们的将来也并非是对父辈生活的复制。以学生的名义解读"学生",有助于我们解答学生为什么不喜欢读书的问题。读书能给学生带来什么?从长远来看,读书有利于学生将来的发展,可是这离学生过于遥远,他们往往理解不了或者等不及;从短期来看,取得好成绩可以获得教师和家长的表扬,包括一定的物质奖励,但获得这些利益的成本较大或者学生并不稀罕这些"小恩小惠"。在文章中,作者重拾马斯洛的需要层次理论,逐一分析了如何满足学生在课堂中的安全需要、尊重和爱的需要、自我实现的需要,从而让学生爱上教师,喜欢课堂,帮助学生走出迷失之境。

人们常说,考试是教师的法宝,分数是学生的命根。通过周彬先生的分析,我发现,考试不只是教师的法宝,也是学校管理者用以检阅和督促教师工作的法宝;分数不仅为学生的命根,也已然成为教师的命根、学校的命根和家长的命根。"正是考试分数主体多元化,考试分数功利化与教育教学眼前化等现象异化了当前的教育教学",课堂教学不单是教育的问题，其背后还存在着大量的管理和利益问题。虽说"一切为了学生"，但教师可能只为自己的职业收入、学校可能只看本校的升学率、家长可能只为自己一厢情愿的期望，这使得教育浸染了功利色彩，学生异化为学习的工具。

诚然，要褪去学校教育的功利色彩，消除课堂中的"作秀"成分，需要学校、家长和社会的多方努力。但就教师而言，教师应讲求教学的进退之道，以实现课堂的师生共享。孟子云："人有不为也，而后可以有为。"教师在课堂教学中也应有所为，有所不为。周彬先生认为："当教师在课堂上展现个人才华时，这时的教师无疑是幸福的。问题在于教师应该追求什么样的幸福，是一位教育者的幸福还是一位演员的幸福？""演员的幸福在于自己能够做到别人做不到的"，而"教育者的幸福在于自己能够教会别人做到自己能够做到的，甚至能够帮助别人做到自己所不能做到的"。所以，教师在课堂教学中要有明确的定位，既不能"越位"，使课堂成为自己的"独角戏"；也不能"缺位"，对学生放任自流、缺乏引导。在"进"与"退"之间，如何权衡才能游刃有余呢？这值得我们深思。而要实现课堂的师生共享，教师除适当"退位"之外，还应做到"因材施教"。因材施教这一原则古已有之，但在如今一位老师面对几十位学生的课堂中，教师要因每个个体而教则无疑是一种奢望。周彬先生指出了课堂教学的共享点，即教师"从适应个别学生而转向适应特定层次的学生群体，在特定层次中的学生则向该层次中平均水平的同学靠拢"。虽然这并不是对"因材施教"的最好诠释，但在当前的情况下，这不失为一种现实的好办法。

综观全书，《叩问课堂》不仅有独特的视角、严密的推理，更有生动而形象的比喻、实用而中肯的建议。如果说，读书是对书籍本身的回报，那么，书籍给予我们的便是灵魂的滋养和行为的指导。《叩问课堂》一书可谓一份丰盛的课堂理论大餐，也是一则细致的教学行动指南，对于教育理论研究者和实践工作者而言，读之都不无裨益。

（周彬：《叩问课堂》. 上海：华东师范大学出版社，2007）

一堂课中的必要环节

在一些公开课上，我们经常能看到非常丰富的活动，非常热闹，但更多的是蜻蜓点水，走过场：活动不深入，没有做实，并且对活动也缺乏必要的总结与提升。对此有一个很好的比喻：只重挖坑，而不重掘井。因而，一节课上下来，学生的收获也就寥寥无几或者很肤浅。

我们通常说的一节课有30分钟、40分钟或45分钟，根据其任务与目的的不同，可分为不同的类型，如主题学习的课、综合练习课、复习课等。作为"主题学习的课"（过去的《教育学》教科书上称之为"新授课"，即"传授新知识的课"），在一堂课内有一些必要的环节是让学生很好地领会和掌握学习内容所必需的。这些环节包括以下几部分。

其一是学习意义的明了。学习一个主题，它对于我们理解把握世界有何帮助？知晓、明了这一点，对于学生学习动机的激发是不可或缺的。我上初中时就不明白为什么要学正余弦定理，后来才明白是为了解决三角形角与边的关系问题，而明白这一点对于理解正余弦定理就很必要。任何一个学习者，如果在学习过程中不能获得成就感，或者怀疑所学知识的价值，就会很容易失去学习的兴趣以及主动性。学生们必须在真实的学习情境中学会自律以及负起责任。而真实的学习情境首要的就是明确的目标与任务，以及学生非常明确完成任务、达到目标的意义。

其二是反馈与强化。由于学生的知识背景与我们教师的知识背景存在比较大的差异，我们觉得很简单的推理、很明确的逻辑联系，对学生来说，特别是对于少数处于特殊情况的学生来说，很可能一头雾水、十分茫然。这就需要我们能以对话的方式探明学生学习的真实情况，建立起师生之间的信息反馈渠道，在一些关键点上予以强化。最有效的策略是鼓励学生复述，即用自己的语言来明确表达。

魏书生老师在他的报告中说，他把一节课的任务分配给不同的学生，然后就什么都不做了。我想魏老师的成功其非常重要的一点是发挥了学生的主动性，学生有明确的任务驱动，不依赖老师，真正经历了自主探索的过程，因而学生获得了比较好的发展。但如果老师在对一些复杂问题的理解上给予学生一些点拨、一些启发，学生是不是会发展得更好呢？好总是相对的，在任何时候我们都仍然有努力的空间。

其三是课堂讨论。课堂讨论在西方的教学中，特别是在大学教学中，它是普遍采用的教学方法，以致成为教学的一个环节。教学中，学生的思想高度是通过教师引导并参与学生的讨论来体现的，讨论可以澄清思绪，可以让学生学会倾听，学会有条理地表达，学会阐明和维护自己的观点，学会从别人的观点和证据中吸取有价值的东西来修正和完善自己的观点和论述。

在课堂讨论中，教师要特别注意发现和捕获学生思想的火花，给予学生更多的鼓励和欣赏，并引导他们完善推理和论证的高级思维过程。教师的职责就是帮助学生揭示积极合作、相互尊重氛围下的意见歧异。教师不应该埋没任何一个人，应该为每个学生提供学习、成长的环境，引导学生能够共鸣地接纳一切意见，勇于表述自己的观点。学生将现实生活中直面的问题引进教室也无关紧要，有时这种做法还值得鼓励和欣赏。教师切记不要羞辱和耻笑学生观点的荒谬和论证的粗疏，因为羞辱和耻笑将会使学生变得退缩和怯懦，进而压抑求异思维的冲动，摧毁创造性思维的幼芽。

其四是回顾和分享。当一个主题的学习结束以后，教师应该停下来问一问学生有什么需要质疑的，有什么需要修正、补充和丰富的？对学生说"我是不是表达清楚了？""还有什么需要进一步澄清的？"，而不是对学生说"你们听明白了没有？""你们还有什么不理解的？"。前者表明的是教师对于自己"教"的责任承担，而后者表明的是学生学会了还是没学会，责任在学生。

好的教学是一个精神漫游的过程，正如登山，只有当我们最终登上山巅，俯瞰登山时所走过的路时，我们才会有一种了然于心的感觉。这时的回顾和分享，其实也就是及时复习。及时复习对于巩固所"学"的知识有着极其重要的价值。在今天，知识学得巩固仍然是必要的，因为只有学得巩固，才能比较好地迁移，才能转化为学生的实际能力。

一门课程的知识是一个大的网络、大的系统，犹如一个链条，如果这个网络哪里出现了断裂，就不容易做到"纲举目张"、以简驭繁。如果学生头脑中的知识是缺乏内在的意义关联的，是零星的、杂乱无章的，那么，这些书本知识就会是僵死的、呆滞的，不能自主地建构出个体的知识。同时，学生也需要经常自我反思，这样他们才能善于管理、评价和改进自己的学习和思考。

当然，在最后这个环节里也还要包括课后作业的布置。课后作业对于学生的成长来说是非常必要的。给学生布置怎样的课后作业，是需要认真研究的。"教师也不要给学生布置太简单、太容易的作业。太容易的作业不仅会使比较聪明的学生觉得枯燥乏味或引起捣鬼行为，也没能给不太聪明的学生提供克服以前失败以及发展解决问题的技能的机会"。（Thomas L. Good，Jere E. Brophy：《透视课堂》. 陶志琼，王凤凰，邓晓芳，等译. 北京：中国轻工业出版社，2002年版，第177页）

西方学者艾普汀（Eptein）确定了10个布置家庭作业的原因，她称之为家庭作业的十大目的（10Ps）：① 练习（practice）——速度，掌握并保持技能；② 准备（preparation）——做好下一堂课的准备，完成课堂活动和作业；③ 参与（participation）——每个学生参与学习活动的积极性，体会学习的乐趣；④ 个人的进步（personal development）——学生的责任感，培养毅力和支配时间的能力，培养自信心和成就感；开发并认可学生在课堂上不能学到的知识和技能，扩大并丰富活动；⑤ 学生间的交流（peer interaction）——学生共同协力完成作业和学习计划，激励他们互相学习；⑥ 家长—子女关系（parent-child relation）——以学习的重要性为出发点建立家长 了女关系；证明学生在学校学习的知识在真实生活和经历中的运用，提高家长对学生学习进展情况的意识和帮助支持；⑦ 家长—教师之间的交流（parent-teacher communication）——教师能够让家长了解并参与学生的课堂活动；同时让家长了解自己子女学习的课程以及进展情况；⑧ 与社会的联系（public relation）——向社会证明学校是一个严肃认真的学习场所，包括家庭作业。同时，可以把与社会进行有效交流规定为有关学生—社区关系的家庭作业；⑨ 执行政策（policy）——执行区或学校教育领导管理者制定的政策规定，完成规定的每天或每周的作业量；⑩ 惩罚（punishment）——纠正行为中或效率方面存在的问题。课外作业的意义是多方面的，并不是可有可无的，作业应该是教师精心准备的送给学生的礼物。

洋溢着生命温暖的课堂

有越来越多的教育学者把自己的研究视角锁定在课堂，这不仅是教育研究范式的一种改变，也是学者生存形态的一种改变。关注教育世界中真实的问题，和广大教师一道研究课堂、研究教学、研究学生，才真正有可能改变教师的教学行为，改变师生交往的方式和学生成长与发展的方式，从而使教育影响的生成、聚合和最大化成为可能。

课堂是学生生活与学习的场景。教室是有限的空间，而课堂可以不局限于教室，它可以是学生在更广阔的时空中，更为个性化的学习与生活的方式。因此，只要是以个体的成长与发展为主要目的的存在方式的场景都可以是课堂。

我们人性中的神性使我们对理想情有独钟。理想的课堂是师生之间心灵相遇的场所，是观照意义世界和感悟生命之美的场所。让课堂拥有"炉边谈话"般的温馨和真诚，让课堂播撒幸福的阳光，释放生命的灿烂，洋溢着生命的温暖，这就是我们对于课堂的理想。

第一，洋溢着生命温暖的课堂，是让快乐主宰的课堂。每个课堂中都应该有笑声，如果整节课中学生没有任何笑容，这样的课堂气氛就一定有些沉闷。教师应该努力用自己的人格魅力把幽默、欢笑和积极的力量带入课堂，使学生充满活力，快乐地卷入到学习之中。

教师生命意识的淡薄是我们课堂快乐稀缺的主要原因。从根本上把传统课堂教学沉闷的"呈现—接受"模式变为生动的"引导—发现"模式，"在引导下的发现"和"在发现中的引导"才能充分展现课堂教学动态生成性的格局，使课堂焕发出蓬蓬勃勃、生生不息的生命活力。

第二，洋溢着生命温暖的课堂，是充满理智挑战的课堂。在以"传授知识"为主导的思想的影响下，教学中"质疑与探究"形同虚设，成为走过场。而产生这个问题的更主要的原因就在于一些教师驾驭课堂的能力不强，一怕教学任务完不成，二怕学生乱了套，不敢鼓励学生大胆质疑，不敢让学生提出具有深度和开放性的问题。再加上课堂上教师的随机点拨欠缺或者不到位，教师不能有效引导学生的思维方向，不能自觉地发展学生的思考策略，所以这样的课堂就只能让人感觉"空洞的热闹"，而不能让学生感受到智力劳动的愉悦，感受到智慧之花的尽情绽放。

第三，洋溢着生命温暖的课堂，是学生可以实质性地参与教学过程的课堂。只有当学习是学生全身心投入的整个人的生命存在的方式，学习也才能促进整个人的成长。教师在课堂中的职责之一就是为学生创造一个尽可能开阔的思想平台，让他们独立地思考、自主地选择，而不是将我们自己的思考结论灌输给学生，更不是把我们自己的选择强加给学生。

若想使学生参与到课堂教学中，教师的表达不仅要有条理和清晰，而且教师要善于运用肢体语言、眼神交流、语调变换等。一位好的老师的声音应该是富于变化的，如高亢有力、充满激情、令人愉悦的。为了保证全体学生参与课堂，教师既不能忽视那些沉默寡言的学生，也不要总叫个别学生回答问题。好教师上课的方式不但轻松，而且富有激情，教学就是和学生一道分享对于学习的激情，分享发现的惊喜。好教师注视每个学生的眼睛，好教师穿梭于课桌和学生之间，提醒所有的学生从事当下的学习，以便使每一个学生都参与到课堂教学中来，让学生在课堂上"感悟"与"对话"共舞，"激情"与"理性"齐飞。

第四，洋溢着生命温暖的课堂，是开放的课堂。教室是有限的空间，无法满足学生展示丰富独特的生命表现形式的需要，它难以避免地使生活过程变得死板、呆滞、程式化和模式化。而学生在学校中的绝大多数时间是在教室中度过的。孤立与隔绝的生活、虚假与苍白的生活、畸形与单调的生活很容易造成学生"八小时痴呆"。让学生带着问题走进教室，带着问题走出教室，走出校园，走向社会，走入丰富多彩的生活，走向更为广阔的世界，才能实现学习与生活的联姻，而不是将课堂与课外生活人为地割裂。

一句话，洋溢着生命温暖的课堂，是飘扬着"人"的旗帜的课堂。对生命的遗忘是教育最大的悲哀，对生命的漠视是教育最大的失职与不幸。生命教育尽管不能解决教育的所有问题，但它能大踏步地提升教育的品质，因为它力图带给人们的是阳光般的心态，从而让整个教育世界充满温情和仁爱，充满信任和希望。理想中的教育总沐浴着神圣的灵光，我们坚信，教育因美好的人性期待而在我们的手中变得更美好。

为了让生命教育的旗帜高高飘扬在学校的上空，我恳请所有的教师努力做到以下几点。

1. 不用尖酸刻薄的语言羞辱学生，即使学生的确令人恼怒。

2. 不用轻蔑的眼光打量学生，即使学生的确令人失望。

3. 不体罚和变相体罚学生，即使学生犯了严重的错误。教师一定要找到更好的办法惩戒学生，但不是简单粗暴的体罚。

4. 不在学生面前抱怨生活，即使你的确受到了不公正的对待，遭遇了不应有的挫折。

5. 当学生无礼地顶撞你，令你气恼时，你仍能心平气和、从容淡定，理智地对待学生。

6. 当你出现在学生面前时，总是情绪饱满、信心十足，即使你非常疲惫、非常沮丧。

这些要求也许有点强人所难，但的确是优质教育所需要的。如果一个老师能够"把悲伤留给自己"，将阳光洒满课堂，那他就是高尚和高贵的。

帮助学生理解教学过程

有效教学是一个有着明确追求的、在教师引导下通过分享人类已有的精神财富帮助学生建构自己的内在自我的过程。教师对于教学进程应该做到精心设计，做到成竹在胸，以便能够有效地调控课堂，实现有效教学。但教学是师生互动的活动过程，因此，仅仅教师了解教学过程是不够的，教师还应该通过一些可能的途径帮助学生理解教学过程。

帮助学生理解教学过程有多层意义：首先，使学生对教学进程有合理的心理预期和必要的心理准备。教师在这个学习主题的教学中应该告诉学生这个活动完结以后下一个活动将是什么，为什么要有这个教学环节。因为教学过程是教师引导下的精神游历的过程，正如我们旅游，如果导游不明确告知我们今天要去哪里、路上要花多长时间、在某一个景点停留多久，我们就会感到焦虑、感到不踏实，就会时不时要问相关的问题。其次，它有利于师生间的有效配合，并吸引学生实质性地参与教学过程。大量研究表明，学生实质性地参与教学过程对于提高教学的有效性有着重要价值。在教学中，学生为什么要参与？何时参与？以怎样的方式参与？如果学生对于这些问题非常明确，他们参与教学过程的自觉性、积极性和有效性就会大大提高。最后，让学生理解程序的合理设计有助于发展学生时间管理、设计活动的能力。每节课都有自己的要完成的任务，教学过程就是完成任务的一系列步骤，是一个程序。教学程序不仅是解决问题、完成教学任务所必需的，其本身也有学习的价值。一个问题能否有效地解决，一个任务能否有效地完成，程序的合理性往往不可忽视，有时甚至起着决定性作用。培育学生的程序意识、让程序内化为学生的思考策略应该成为教学目标的一个元素，成为教学过程中时常关照的一个方面。

一节课的教学进度应该是怎样的，当然要根据教学目标、学习内容的性质、学生已有的知识与经验背景以及认知发展水平、教师自身的综合素养与特长等来决定，但作为最经常的学习新知识的课（区别于练习课、复习课），还是可以概括出一些必经的教学环节的，如通过教师的讲述、提问、讨论、学生的复述、练习等方式复习旧知识。为什么需要这个环节呢？那是因为，任何学习都是促使新旧知识之间"联通"的过程，只有当学习者有同化新知识适当的知识基础时，学习才会有效。正如只有当有适当的土壤和水分，种子才能发芽和生长一样。因此，激活学生已有的知识积淀，以做到"温故知新""推陈出新"，为学习新知识营造心理氛围，准备必要的"认知接头"，就成为一个必要的环节。

练习也是一个必要的教学环节。通过质疑、修正、多元化地理解了学习内容后，有一些智力技能或动作技能需要及时得到巩固，这就需要练习，甚至是足够的训练。比如说，在学习一篇课文后，学生能否详略得当地复述课文内容，这就需要训练。训练可以通过概括出一些"关键词"作为复述的"索引"，通过训练，提高学生概括、提炼和总结的能力，使学生学会以简驭繁、由博返约。还比如，学生需要进行推理的训练，确保自己是在根据一套逻辑步骤来进行思考的。我们的课堂教学就是要努力为学生提供这样的机会。

时下正在进行的基础教育新课程改革所提出的三维教学目标——知识与能力，过程与方法，情感、态度与价值观，许多中小学教师对此耳熟能详，"过程和结果同样重要"的理念也正在深入人心。"三维教学目标"提出的依据究竟是什么？"过程和结果同样重要"究竟道理何在？对此恐怕就不是人人都清楚了。教学的结果（包括知识的建构、技能的掌握、心灵的净化等）之所以重要就在于没有这些，学生的精神世界就不可能充实起来，学生就不能越来越自信地面对世界。而"过程"之所以同样重要，就在于一个人思考问题的方式，一个人的价值观、处世风格等个性品质是在过程中形成的。学生的学习方式就是其发展的方式，而这个"方式"是在过程中得到体现的。我们也可以通过这样一个事实来确认"过程"的重要性：当你以适当的速度跑完两三千米后，你可能觉得什么也没得到，但如果你经常这样运动，你就会发现你变得更有活力了，你的免疫力提高了，这就是过程的价值。其实，任何事情，离开了过程我们就一无所成。正如体育运动可以健身，作为脑力劳动过程的学习可以益智、怡情、正心、诚意一样。因此，使教学过程的设计更加合理，使学生对教学过程更好地理解、对这一过程更自觉地参与，对学生的自主发展都有着重要意义。

感受数学课堂的魅力

课堂是实施新课程的主战场，是全面推进素质教育的前沿阵地。课堂，是一个平常、普通而又神秘的地方，是一个赋予没有生命的知识以生命活力、给予不太成熟的孩子以成熟魅力，让孩子动起来、让知识活起来、让生命放光彩的场所。随着课程改革的不断深入，新课程理念与课堂教学实践正在逐步融合，新一轮基础教育课程改革给当今的小学数学教学也带来了生机与活力。无论课程改革如何进行，构建有效的课堂应该成为教师永恒的工作追求。什么样的课堂才是理想的课堂？如果用一句话来概括，那就是：焕发出生命活力的课堂才是理想的课堂。

我们生活的世界，包括我们人类自身，无非是质与量两个方面。数学就是从量的角度把握和解释世界的一种努力，所以数学是一种思想、一种解释世界的方式、一种精密的语言系统。数学是对现实世界的数量关系和空间形式的概括和反映。数学知识源于生活，但并不等于生活本身，它是对生活中的数量关系与空间形式的提炼，因此，它高于生活、概括生活，具有高度的抽象性。"数学，作为人类思维的表达形式，反映了人们积极进取的意志、缜密周详的推理，以及对完美境界的追求。"（R. 柯朗：《数学是什么》. 长沙：湖南教育出版社，1985年版，第5页）

　　教学艺术是教师教学主体性和创造性的最好确证，没有对教学模式的创造性运用，教师的上课就容易成为"教教案""教教材"，而不是"教学生"，教学就难以避免封闭性、机械性、刻板与程式化，就难以避免教师唱独角戏，就不可能顾及学生独特的生命表现和学生提出的非常个性化的问题，学生在课堂上的丰富的精神生活、自主交往和个性展示都会受到很大的局限。优质的数学教学，一定源于对数学的丰富而准确的理解。数学，作为人类智慧的伟大结晶，受到了普遍的尊敬和敬仰。数学是训练客观且精确的判断力的基本因素之一，数学尤其需要积极的思维活动及对结果的验证，而这会对其他学科的学习（在智力上和道德上）产生影响。正如美国数学史家M. 克莱因所说的那样："任何时候，谁想找一个推理的必然性和准确性的例子，一定会想到数学。"（M. 克莱因：《数学：确定性的丧失》. 李宏魁，译. 长沙：湖南科学技术出版社，1997年版，第2页）完美的教学一定能使学生感受到人性之美、人伦之美、人道之美，感受到理性之美、科学之美、智慧之美，感受到人类心灵的博大与深邃，感受到人类所创造文化的灿烂与辉煌，能够唤起学生对于生活的热爱与柔情，唤起学生对未来生活的热烈憧憬和对乐观、光明、正直的期待，能够使学生以新的眼光审视生活、洞察人生。

　　本书作者钱守旺老师是全国著名特级教师，虽然我们见面的机会不多，但钱老师的人品和学识却早有耳闻。多年来，钱老师始终致力于小学数学课堂教学改革的研究，虽然他担任教学副校长的职务，每天事务缠身，但他始终没有离开教学第一线。他的很多文章理论联系实际，论证深刻，观点鲜明，深受一线教师的喜爱。随着课程改革的不断深入，钱老师更加理性地对传统的课堂教学进行了反思，并提出了一系列关于新课程背景下如何搞好课堂教学改革的策略。

本书的第一部分选取的他的19篇文章，观点新颖，视角独特，论证有力，材料翔实，读后令人耳目一新。从本书的第二部分可以看出钱老师的课堂教学设计，他大胆改变教材的呈现方式和学生的学习方式，努力为学生营造自主探究，合作交流的数学学习环境，从教学素材的选择到每个教学环节的设计都显示了钱老师高超的驾驭教材的能力。从钱老师的课堂教学实录可以看出，钱老师的课堂是智慧的课堂，更是富有活力的课堂。他的课堂既尊重教材，又超越教材；既自主探究，又适当讲授；既面向全体，又因材施教；既夯实基础，又培养能力；既关注课内，又适当延伸。在他的课堂上我们经常可以看到学生观点的交锋、智慧的碰撞，看到师生间无拘无束的情感交流，更可以看到他对基础知识扎实有效的训练。书中的"资料链接""网友连线""QQ直通车"，包括第三部分的"附录"部分，使得本书资料更加充实，对教师的指导意义更强。

　　钱老师的课堂教学好就好在它能让学生对数学的学习不再感到乏味，而是感到充满趣味和活力。《构建富有活力的课堂——谈新课程背景下的小学数学课堂教学》一书是一本融理论性、知识性、操作性于一体的非常有价值的个人专著，也是一位特级教师送给广大一线教师的厚重礼物。

　　缘此，我愿意把这本书推荐给广大的小学数学教师和教学研究人员，并期待本书能够为你在课堂里一展风采，带来实质性的帮助，使你在充满生机与活力的课堂教学中获得创造的愉悦和做教师的幸福！同时，也衷心祝愿钱老师在今后的课堂教学改革中再创佳绩！

　　（本文是为钱守旺所著的《构建富有活力的课堂——谈新课程背景下的小学数学课堂教学》一书所写的"序言"，该书已由福建教育出版社出版。）

语文教学的目标与策略

　　如何理解"语文"？这影响着我们对语文教学目标与策略的认知。老一辈的教育家叶圣陶先生说："语"是"口语"，"文"是"书面语言"。其实，我们都可以赋予这些词语以含义，目的是为了有一些更好的、更为丰富的理解。理论是什么？理论就是我们对事情（事物、问题）的一个描述、解释和预言。

今天我们对于"语文"可以有三个层面的理解：第一个层面是语意—文字。文字有"音、形、意、能"四层属性，任何文字都有拼写与认读的问题，任何字、词也都有它的语意。第二个层面是语言—文学。语言是最为系统、最为经典的符号系统。文学是用语言来刻画形象的艺术。第三个层面是语境—文化。任何作品都是在一定的时代背景和文化生态中产生的，都蕴含着一定的文化精神。我们任何人的思想与情怀也都不可能脱离社会文化而生成。

教学目标决定教学策略，而一门课程教学目标的确定是与人们对于该门课程性质的理解密切相关的。我们通过对"语文"的理解可以导出对语文教学目标的理解。

语文教学的目标，首先就是要培养学生对语言的敏感性。这就需要学生掌握丰富的语言词汇，培养学生良好的语感。语感就是我们直觉水平上的理解和把握，包括语言的节律感，比如，对好的表达我们会有行云流水的感觉。没有丰富的语言积累，就很难培养良好的语感。而实际上，在丰富语言词汇的同时也能丰富我们的内心世界。语言表达的精致、灵动是由于内心的精致和灵动。所以，在语文教学特别是小学语文教学中，学生对于语言词汇的积累是非常重要的。这包括掌握词的多义，比如"日薄西山""义薄云天"的"薄"，不是厚薄的"薄"，而是"接近"的意思。同一个字或词在不同的上下文中，它的意思是不一样的。

其实在任何语言里都存在着"一词多义"的现象。比如"大家"这个词，我们可以指称"一群人"，还可以指在某个领域里有高深造诣的人。有一个笑话说，一个外国人来到我们国家，在大街上走。他首先看到"口内修鞋"，他非常惊讶，认为中国人真了不起，口内就能修鞋。他接着往前走，看到的是"口内修车"，他越来越不理解，再向前走看到的是"口内无厕所"，他简直就匪夷所思了。为什么会出现这样的情形呢？就是因为他对这个"口"字含义的理解不全面。在汉语中，"口"除了可以用来指称人和动物的嘴以外，还有"关隘"的意思，如走西口；"口"也可以指某一系统，如教育口。所以让学生掌握一个词汇的丰富含义，包括词语在不同语境中含义的变化就很重要。"文字是生命的酒"，语言学习要帮助学生建立起与民族历史之间的紧密联系。

语文教学的第二层目标是要发展学生对作品的鉴赏力，即"语文"的第二个层面是语言—文学。广义的文学包括所有的表达思想与情怀的作品。我们所有的教育目的是培养学生具有眼光。眼光指的是就是良好的判断力、敏锐的洞察力和高度的鉴赏力。一篇好文章，好在哪里？我个人认为过去语文教材上的文章至少三分之二是垃圾文章。为什么大陆人水准不够高，这与语文教材不好很有关系。连战、宋楚瑜访问大陆我总觉得意义非凡，他们给我们大陆人上了很好的一课。他们的演讲很有才情，非常儒雅。你可能会说他们的演讲稿是秘书写的。我敢说在中国大陆不太容易找到这样的秘书。我们更多的大陆人显得语言贫乏，思想僵化，江郎才尽。对此，我们的教育是要负责任的，特别是我们的语文教育。像叶圣陶先生的《我爱故乡的杨梅》就显得太单薄，描写周恩来的《一夜的工作》也写得不好。太多歌颂领袖的文章在中小学的教材中出现，这不利于我们培养学生平等的、民主的观念。还如老舍先生的《林海》就显得不够真诚。什么样思想的文章可以进入教材都是大有讲究的。我讲过一些文章，如小学课本中《一件运动衫》《争吵》都非常好，真诚、人性化、富有教育意义，像《读者》上的一些文章也很好。如果其他虚假的东西渗透在字里行间，学生敏锐的心立刻就能了解到，所以我认为"文贵情真"是至理名言。那么，作为语文老师，面对那么多垃圾文章怎么教？你要做的是指出作为"反面教材"的文章它不好在哪里，并和学生一道分析不好的原因是什么。这样做同样可以起到发展学生对于作品的鉴赏力的作用。

　　语文教学目标的第三个层面是丰富学生的文化底蕴。文化底蕴包括学识的积累、情操的陶冶、人格境界的提升等。尽管所有的课程都应该服务于这一目标，但语文课由于它自身的特征更应该在这方面做得更好一些。这包括通过对于那些文质兼美的文章的学习，通过充分挖掘课文的思想和美学内涵，去陶冶学生，培养他们审美的鉴赏力，发展学生崇尚真理与学问的品质，培养学生具有敏感的开放的内心，引导学生确立起一个健康文明的生活态度等。

以上是语文教学的目标。在基础教育的"六大领域"（包括语言、数学、科学、艺术、历史与社会、体育与健康）或"八大领域"中（还包括技术和社会实践），语文无疑都是最重要的学习领域。这是因为语言，特别是母语，与一个人的思维发展有着极其密切而重要的关系。语言也是个体获取信息、理解文本和表达自我的最重要的工具和媒介。况且，只有在母语中，我们才能触摸到民族文化之根，并与之建立起血脉联系。

那语文教学的策略呢？我用十八个字概括：字词句段篇，听说读写思，整体感悟，细处摄神。字词句段篇，是就语文教学的学习内容而言的。许多作者都说要把语文课上成语文课，不要上成思想品德课、科普课。像《鲸》这篇文章，教学的重点并不在于让学生了解鲸是个巨型的哺乳动物，而是重在通过这篇文章学习让学生了解怎么向别人去介绍、刻画一个东西，让别人认识一个事物。

词汇的积累、句子的积累也很重要。如我用这样的六句话来表述"教育的力量"："真正的教育一定能够给无助的心灵带来希望；给稚嫩的双手带来力量；给迷蒙的双眼带来澄明；给羸弱的身躯带来强健；给弯曲的脊梁带来挺拔；给卑微的人们带来自信。"第一句话"给无助的心灵带来希望"是凤凰卫视一个广告的主题词，其他几句是我仿写出来的，语言就是这样日积月累的。

语文学习的基本途径就是听说读写思。在课堂上，学生注意力非常集中的"听"往往被忽视。上课时往往是老师说上半句，学生说下半句。我觉得在小学高年级以后，教师可以连续几分钟说一段精致的话，培养学生认真听的品质。包括对我自己的孩子，我也强调用高品质的、规范的、优雅的语言与他交流。久而久之，他就会慢慢学会用一套高品质的语言去思考和表达。"说"，强调的是给学生口语表达的机会。教师在备课时要注意创造话题空间，让学生有得可说。"读"，包括快速阅读、浏览、朗读，特别是教师的范读等。"写"则包括改写、续写在内的多种形式的写作，并要有意识地引导学生进行创作。"思"则是与"听说读写"密不可分的，我们的教学要着力培养学生的思考策略和探究意识，而这就需要在"思"上狠下功夫。

所谓"整体感悟"，强调的是将整篇文章作为感知的对象，要注意文章的篇章结构。我们如果对文章没有一个整体的把握，而过分地进行肢解，就不能很好地进行鉴赏，即我们要在整体感悟的基础上再品词品句，教育就是既见树木又见森林。森林就是大的背景，包括作者的倾向，文章所赖以存在的文化生态。比如说，文贵情真，文章不能虚假。可我们的一些大家也有虚假的作品，这与他们所处的时代、政治文化有关。

整体感悟的实现要注重作品的文化生态。如《岳阳楼记》也是美文，但其中的名句"先天下之忧而忧，后天下之乐而乐"在我看来就缺乏平等思想，没把自己放在普通的国民位置上，这与政治、心理、精神上的特权有着千丝万缕的联系。如《桃花源记》中对理想社会的理解，它里面就没有公平、公正的东西，无非是良风美俗、人际和谐。在今天看来，一个理想的社会包括"个人自由，社会公平，政治民主和经济繁荣"这四个要素。可《桃花源记》中的桃花源只是一个宁静、祥和、安逸的封闭社会，按鲁迅先生的说法，那充其量不过是一个做稳了奴隶的太平盛世。

树木是什么？就是细节、细微的地方。细处摄神就是要引导学生在细微处用心体味，包括品词、品句，品味那些独具匠心、耐人寻味的用字、用词。"整体感悟"与"细处摄神"二者是相辅相成的，处理得当就可以相得益彰、相映成趣。它们的对立统一可以通过一些具体的教学策略来实现，其中，语文教学具体的策略就包括浏览。快速浏览也是一种技能。我从上中学时一直到现在都用一个本子积累一些词，像好多从港台来的词：层面、考量、打磨、打造、掌控、质素……我觉得这些词都很好，内涵比较丰富。还有一个便是批判性阅读，就是用审视的眼光去发现作者是怎么取材选材、布局谋篇的，表达了作者一种什么样的价值观、思想和情怀。

朗诵对于实现整体感悟很重要。因为语文教材中大多数课文是美文，是可以朗诵的，所以提高教师的朗诵能力也是至关重要的。教师的范读也应该包括朗诵在内——你一定要让学生知道你比他读得好的地方在哪里。教育的要求很多时候是通过教师的示范得以体现的。教师的朗诵要努力做到字正腔圆、声情并茂，以便让学生有一个学习的榜样。

教学中可以对一些问题进行讨论、复述。任何一个文体都是可以复述的，它是认知加工非常重要的方式。写，包括仿写、续写、改编，像小学课文《丑小鸭》就可以进行续写。假设丑小鸭回到它小时候生活过的地方，它的邻居会怎么对待它，它又会怎么对待曾经轻视过它的邻居，它们之间又会发生什么样的故事呢？这就是很好的续写主题。让学生们谈阅读的体悟、学习完有什么感受，这些可以和大家分享，这既可以培养学生乐于分享的性格，也可以起到巩固和强化的作用。另外，有的课文还可以以戏剧方式进行表演。

任何一节课都可以有一个回顾和分享。这节课，我们共同经历了怎样的精神之旅？我有什么体悟和感怀？还有怎样的困惑和质疑？我们应该鼓励并欣赏学生对于问题的独到理解和学生对于教科书上内容的质疑、修正、丰富和深化；我们应该鼓励并欣赏学生积极参与教学过程，成为对课堂有贡献的人。

通过语文教学，我们不仅要发展学生阅读与写作的技能，而且要发展学生的精神力量。正如有的论者所指出的，语文教学把学生引向生活、引向现实、引向民族和世界文化的殿堂，引向现实和历史中的一个个活生生的人，引向人的精神世界。在语文教学中，教师与学生一起质疑和思考，一起痛苦和快乐，一起义愤和悲哀，一起孤寂和振作，一起让心灵自由飞翔。阅读和写作都是对话，是灵魂的对话，教师没有权力以"知识"的拥有者自居，通过肢解课文、越俎代庖等手段干涉和阻挠这种对话。教师能做的只是作为对话的一方参与进来，同时要表现出足够的真诚、好奇、热情、宽容、谦虚、理性和思想开放，并随时准备承认自己的错误和不足。

作文教学琐谈

作文教学在所有的课程教学中具有重要的地位。这是因为作文教学对于提高学生的阅读兴趣，培养学生对学问的崇尚，促进学生观察能力、自我反思能力和思维能力的发展都有着极其重要的价值。对事情能有自己的看法，看法还有一定道理，并能有层次地、措辞精当地表达出来，并不是一件很容易的事情。一般来说，如果一个学生的作文比较好，他日后发展的潜力就会比较大。

提高作文教学的有效性涉及诸多问题，诸如，什么样的作文才是优秀的？怎样指导学生写出优秀的文章？如何创设作文教学的课堂氛围？我们不妨先讨论一下好文章的标准。不论何种文体的作品都由这样四个要素组成：主题、素材、结构和语言。因此，我们可以据此提出一篇文章的评价标准：第一，主题光明、高尚、美好。光明，而不是阴暗；高尚，而不是卑下；美好，而不是丑恶。好的文章总是教人求真、向善、臻美，可以化民成俗、纯净世风。第二，素材充实、可信。充实，而不是贫乏和苍白；可信，而不是虚假和荒谬。第三，结构完整，布局合理。这意味着文章构思巧妙、清新明快，既没有虎头蛇尾之弊，也没有旁逸斜出、意多文乱的芜蔓之感。第四，语言明丽、清新、雅致。明丽，而不是晦涩；清新，而不是烦琐；雅致，而不是粗俗。

当然，一篇文章的价值是多种多样的。上乘的作品当然是思想新颖、独到、深刻，构思精巧、刻画细腻、生动形象、文辞优美，如《桃花源记》《醉翁亭记》《岳阳楼记》等。有的文章谈不上什么艺术构思，不过是层次清晰、文从句顺，但它可能提出了一个引人深思的问题，表达了自己对某一问题独到的观点，这样的文章也是有价值的。

写作总要涉及"写什么"和"怎样写"两个问题，前者属于选题、立意；后者属于写作技巧，包括剪材选材、布局谋篇、起承转合。因此，作文教学就不仅仅是写作技巧的教学，它必然要触及学生的灵魂。那就是，你究竟要表达怎样的思想和情怀。

白居易云："心，根也。言，苗也。"心为言之根本，立言须先立心。"文必己出"是古往今来的写作原则。崇尚个性、抒写自我、勇于创新是作文的生命和灵魂。人格境界低下，要么理屈词穷、强词夺理，要么不能够面对真实的自我，文章必然内容空洞、矫情假意。

写作就是参与社会的改造，就是尽自己作为社会一员的责任。所以，作文要说真话、实话、心里话，不说假话、空话、套话。写作者何以能够做到这一点呢？

这首先需要写作者对生活有敏锐的感受力、发现力，需要心灵的丰盈、想象的活跃、思想的深刻。"选材要严，开掘要深，不可将一点琐屑的没有意思的事故，便填成一篇，以创作丰富自乐"（鲁迅：《鲁讯全集》第4卷．北京：人民文学出版社，1981年版，第294页），"最喜小中能见大，还求弦外有余音"（丰子恺），作文的秘诀也许就在此。

叶圣陶先生曾说过："作文原是生活的一部分，生活就如泉源，文章犹如溪水，泉源丰盈而不枯竭，溪水自然活泼地流个不歇。"为什么我们常常感到一些学生的文章气色苍白，虚情假意？重要的原因就在于文字的背后缺少敏锐的目光、缺少鲜活的思想。因而，教师要鼓励学生自己去观察、积累、感悟。"任何孩子都有强烈的创作欲望，这是一种持续的、强大的力量，不断与世界发生着关系，产生出似乎是变化无穷的活动和作品。一种广泛存在的能力：参与世界、成为创造者，这种能力在儿童早期就清晰可见"。（卡利尼：《让学生强壮起来——关于儿童、学校和标准的不同观点》. 张华，等译. 北京：高等教育出版社，2005年版，第17～18页）作文并不只是文字的简单堆砌，它还是作者思想的结晶、心灵的写照。鼓励学生自由表达，说真话、实话、心里话，教师需要帮助学生丰富和提升生活经验，"必有是实，乃有是文"。教师要引导学生做内在的人生反思，帮助学生多角度地观察生活、理解生活、表现生活。否则，学生的作文就容易平庸琐碎、无病呻吟、杯水波澜。正如曹益君先生所指出的："作文教学也要树魂立根，只有这样，才能写出荡气回肠、令人震撼的作品。"（曹益君：《作文教学断想》. 教育参考，2006年第9期，第55页）这样才能真正体现新课程所倡导的"让学生易于动笔，乐于表达，应引导学生关注现实，热爱生活，表达真情实感"。叶圣陶先生在《作文论》中说道："既然要写出自己的东西，就会连带的要求所写的必须是美好的：假如有所表白，就当时有关人间真情的，则必须合于事理的实际，切乎生活的实况；假若有所感性，这当是不倾吐不舒快的，则必须本于内心的郁积，发乎情性的自然。"这样才能通过作文来促进学生的全面成长，并在学生的成长与作文之间建立起良性循环。

表达什么，即表达的主题和素材需要积累和提炼。当这个问题解决以后，接下来，教师需要帮助学生学会布局谋篇。这可通过对范文的仿写来实现。仿写的过程就是很好的写作训练。或许这就是《儒林外史》一书中鲁编修所说的："八股文章若做得好，随你做什么东西，要诗就诗，要赋就赋，都是'一鞭一条痕，一掴一掌血'；若是八股文章欠讲究，任你做出什么来，都是野孤禅，邪魔外道。"我们要善于抓住具有典型意义的细节，用简练的文字描写景物、勾勒人物形象！

打通阅读教学和作文教学的壁障，在更高的层次上实现读写结合，对于帮助学生学会布局谋篇和掌握写作技巧也十分必要。善于借鉴前人的经验，对写作是大有用处的。元朝学者陈瑞礼用生动的比喻说明了读和写的关系："读书如销铜，作文如铸器。"他断言："劳于读书，逸于作文。"在读写活动里长期坚持艺术认知的审美锻炼，会让学生的心灵晶莹剔透，灵光四现。

另外，教师要培养学生修改文章的习惯。好文章是改出来的，这也是作家们共同的经验。文章写好后，过些日子再拿出来看一看、改一改。改，就是打磨、润色。文章的修改包括结构的调适，以避免虎头蛇尾，或者拖泥带水，意多文乱；改也包括字斟句酌，以让文章的语言表达变得珠圆玉润。把文字打理得云淡风轻，那是一种美妙的境界。

在修改文章的过程中，大声朗读也是一个好办法。凡读起来不顺畅，磕磕绊绊的地方准是需要梳理、调适的地方。鲁迅也非常重视朗读，他这样谈到自己的写作："我做完以后，总要看两遍，自己觉得拗口的，就增添几个字，一定要它读得顺口。"（鲁迅：《我怎么做起小说来》，出自鲁迅：《鲁迅全集》第4卷. 1981年版，第512页）

如何创设作文教学的课堂氛围？有的优秀教师积累了许多宝贵的经验：好的作文教学如同主题学习的教学一样，需要创造一种精神振奋、生机勃勃、畅所欲言的课堂气氛，打开学生的心扉，唤起学生的表达冲动，引导学生敢于表达自己的所见、所思、所感，并逐渐在写作实践中提高感知和分析事物、捕捉灵感、提炼主题的能力。教师可以多布置一些自由命题、自主选材、自行写作的作文任务，以为学生发挥其写作天赋，培养写作的兴趣、爱好与特长提供舞台。

体育的价值

教育要开发和提升人们生存、发展与享受的能力，体育是其中不可或缺的组成部分。学校体育的目标就在于培育学生体育锻炼的习惯和技能，促进学生身心健康和谐地发展。在我看来，更重要的是通过体育在学生的心灵深处培育体育所代表的文化精神。

体育已成为文明的人类生活中不可或缺的一部分，它在影响和塑造现代人的精神与身体方面发挥着越来越大的作用。德国体育教学法专家海克尔教授评价体育课的质量时提出了这样的标准：一是"出汗"；二是"笑"。在海克尔教授看来，出汗多少是学生运动量大小的标志之一。而每当竞赛胜利或者某种愿望得到满足时，学生就会发出各种各样的"笑"来。适当的"笑"能使大脑皮层中的兴奋灶转换，消除精神紧张，加快疲劳的消除，提高机体的工作能力。而实际上，体育的价值远远不止于它具有促进身体发育、强健体魄和劳逸结合的功能，它更深层次的价值在于培植、释放和提升人心灵深处潜存着的狂热与痴迷，以及以身体感知世界的能力，从而充分调动我们所有的感官投入生活，使心灵丰满和生活圆融。

《奥林匹克宪章》说得好："奥林匹克主义是增强体质、意志和精神并使之全面发展的一种生活哲学。奥林匹克主义谋求把体育运动与文化和教育融合起来，创造一种在努力中求欢乐、发挥良好榜样的教育价值并尊重基本公德原则为基础的生活方式。"奥林匹克运动绝不仅仅是一项运动，更是一个蕴含深刻的"主义"，是超越国家、阶级、种族、意识形态的共同理想和"生活哲学"，是令全世界或年轻或不年轻的所有人共同向往的"生活方式"。奥运精神通过体育运动和体育竞赛来显示一种崇高的人文精神，它包括勇敢拼搏、奋勇向上、公平竞争、团结合作、职业道德等。奥运精神还包括加强各国人民的了解、增进各国人民的友谊和加强各国人民的团结。简言之，奥运精神是一种全人类的精神。

体育的精神就是游戏的精神。也许单纯的激情、勇气、智慧及挑战极限的无畏精神才是体育这种游戏的真谛。体育运动是一种极富感情色彩的高尚活动。它是人们高级情感的产物，又是人类高级情感的发生器。它丰富着人类的情感宝库。在体育运动中，人们追求积极向上的荣誉感和人们之间相互交往的亲和感。体育运动承担着证实现代人高级情愫的功能。而在我们这个国度里，能够沉迷于某事的人太少，有太多的人属于饱食终日、无所用心的人，其实"球迷""乐迷"的多少能够反映出一个民族的精神修养。

体育的精神，就是竞争的精神，就是超越的精神，就是在自觉遵从共同规范的前提下，最大可能地发挥个人的潜力，追求卓越和成功。在机遇与挑战瞬息万变的时代，在纷繁复杂的现代社会，竞争精神是每个人安身立命的根本。竞争的观念是现代社会中一个重要的价值观念。体育，强调参与，更崇尚竞争。体育对于锻造和培养人的超越意识具有独特的作用。它是人类为了检验自己的能力而进行的一种创新。篮圈、栏架、球门、跑道、水池、冰场、乒乓球、棒球等，都是人类在多年进化过程中不断创造出来的。人类在借助这些文明的产物参与体育运动时，实现着对自身惰性的超越。潜能的挖掘超越，不仅意味着傲视群雄，向人类最高目标挑战，它同样意味着探索极限和超越自我。现代社会人们的竞争意识已经内化于体育的精神之中。

体育最大的价值就在于非理性的宣泄，即身体中膨胀的欲望、冲动的宣泄。如何宣泄？酒神附体。赛场本身就像一个魔圈，它是对日常秩序、平常生活的一种重新调适与违背，而酒神就是宣泄之神，只有酒神精神才能压制长期居统治地位的现实理性。用尼采的话说，酒神状态的迷狂，能对人生日常界限和规则予以破坏，如一条忘忧河将恍惚的现在与沉重的过去隔开，自己觉得活着还有那么一点味道、一点情趣。体育能够极大满足我们对生命极致体验的饥渴，充分地激活我们久已麻木的每一根神经末梢。

真正杰出的运动员绝对不是"四肢发达，头脑简单"的人，体育对于智慧能力的发展同样具有特别的意义。体育是一个极度需要想象力和创造性的活动。人类凭借自己的肢体要创造出丰富的人体文化，不仅需要在开发身体潜力上具有想象力，而且在运动方式及其组织方式乃至实现方式上都需要非凡的创造力，特别是激烈的竞技场，更离不开机智和敏捷。让心灵在所有方向上充分涌流，这是美好社会的确证和表征。体育带给我们的挑战自我的信念与理想是凿破我们心中冰封海洋的一把斧子，使我们无比强烈地感受到源自心灵的震撼。

运动场是道德的一面镜子。在这里，果敢与迟疑、勇猛与懦弱、坚毅与气馁、积极与被动、粗野与文明都能得到最充分的体现；竞争与合作、沉着与机智、同情与关爱等诸多品质将得到培养。

体育竞赛中，无论是胜利的宠儿，还是"不幸的失败者"，均深刻体验着喜怒哀乐。参与和逃避、个人和集体、循规和投机的种种矛盾培养了他们坦荡开放、光明磊落的道德品质。在激烈对抗，面对对手与困难时，在胜利与荣誉到来时，在挫折与失败时，在受到嘲笑与不公平对待时，他们学会了冷静、容忍和理智。体育竞赛为人们创设了一种情境，并在其特定的氛围中考量着人们的能力，包括协作精神、顽强的品质、集体的观念、心理承受力、公平原则、精神修养和道德意识。

健康和力量是人体美的重要元素。标准的运动动作，不论是田径、游泳，还是种种球类运动，更不用说武术、艺术体操和花样滑冰，都能够带给人们美的享受和陶冶。

特别值得指出的是，原来平均身高低于我国的日本，由于注重科学合理膳食，采取营养干预措施并加强体育锻炼，其45岁以下男子的平均身高已经高出我国同龄人，我国青少年平均身高总体上低于日本青少年的平均身高；其成年男女身高增长的幅度明显高于我国！而且我国青少年与日本青少年相比，无论灵敏度、爆发力还是耐力，都有明显差距。这是值得我们深思的：警惕我们民族在人类学上的退化，不仅包括精神和心智，也包括体质、体魄和身高。

对历史教学的建议

历史是十分重要的学习领域，它是一个可以展开我们想象力的广袤的精神领域。我曾经论述过教育的两大永恒支柱：历史与文学。托克维尔有言："当过去不再照亮将来时，人心将在黑暗中徘徊。"历史永远是我们生生不息的人类的导师，不管它是辉煌还是不光彩，是崇高还是卑劣，是悲壮还是滑稽，给后人留下的是愉快的记忆还是苦涩的回味，它都可以启人心智、教人明理，使人更好地把握现在，选择未来。

历史，无论是光荣还是耻辱，我们都必须面对，并在面对中学习，尤其是从历史的教训中学习。历史教学大可不必按部就班。为了激发学生学习历史的兴趣，教师一开始可以讨论一些具有历史哲学意味的问题，诸如：一千年前，我们的祖先是如何生活的？人类历史中，有哪些重要的发明和发现？为什么说它们是重要的？人类是如何起源的？每一种事物都有它的起源，你最想了解哪些事物的起源？对事物的起源做出猜测，你做出猜测的依据是什么？等等。

如果一开始就按照历史的时间线索学习，人类早期的生活距今非常遥远，远离学生的生活经验，很不容易培养学生学习历史的兴趣。历史学习特别需要遵循由简到繁、由粗线条到细节、由整体把握到逐步丰富的原则。譬如，中国历史可以分为这样四个历史时期：有明确记载以前的历史；有明确记载到秦朝的建立；从秦始皇统一天下到清王朝的灭亡；从清王朝灭亡至今。对于历史的分期，有多种多样的理论观点，在每一种"分期"的背后，其实都有着某种历史观。合理的历史分期，有助于学生形成对于历史的概念框架和解释历史的理论框架。

特别值得指出的是，如果历史学习就是记忆一些事件发生的年代、地点、人物，而不是去发现人类文明的足迹，不是在我们的心中再现我们前人的生活样式，历史学习就将是枯燥乏味的，也不能真正丰富学习者的内心世界。

历史教学应该重视对一些历史思想主题的解释。譬如，中国人治传统形成的原因是什么？让学生讨论中国历史上从善如流而成就大业、刚愎自用而招致失败的事例；讨论中国历史上专制统治者的专横与残暴；形成这种专横、残暴的原因何在？在中国历史上为什么分立和统一的局面曾经交替出现？为什么明清时期文人的山水画特别风行？为什么歌咏月亮的诗词歌赋特别多？为什么中国历史上有才华的人总是显得有些"怪异"？人类是如何在跌跌撞撞中走向今天的？物欲的膨胀会不会让人们放弃对于历史和终极价值不依不饶的追问？等等。

"历史从来不是在温情脉脉的牧歌声中进展，相反，它经常要无情地践踏着千万具尸体而前行。"（李泽厚）历史的学习就是要使学生了解人类文明的历程。这需要从一些特定的角度出发来审视人类文明所经受的一些挑战、危机与考验。瑞典病理学家Folke Henschen 说过："人类的历史即是疾病的历史。"疾病或传染病大流行伴随着人类文明进程而来，并对人类文明产生深刻和全面的影响，它往往比战争、革命、暴动来得还要剧烈，因为它直接打击了文明的核心和所有生产力要素中最根本的人类本身，而且不仅打击他们的身体，还打击他们的心灵。公元前430年，一场瘟疫席卷古希腊，夺走了四分之一希腊城邦人的生命；公元165—180年，罗马帝国发生黑死病，导致了三分之一的人口死亡；公元700—1050年是日本史上的"瘟疫时代"；公元846年，在入侵法国的诺曼人中间爆发天花，诺曼人杀死了所有的病人和看护者；公元1347—1351年，中世纪的西欧蔓延黑死病，许多地方三分之一到二分之一的人都没有了；14世纪欧洲殖民主义者把传染病带到美洲，扫掉了美洲土著90%的人口，由此引发了大规模的黑奴贩卖；公元1555年，墨西哥天花大流行，200万人不治而亡。

另外，历史学习要重视一些历史故事和历史人物的内心世界。教师可以通过一些逸闻趣事来增加学生对历史的可触摸感、真实感，使历史人物有更多的亲切感和人格的丰满。譬如，楚汉相争，刘邦正被项羽追得惶惶不可终日，韩信却差人来要求封自己为齐国假王。刘邦一听就气不打一处来，正待发作，张良立刻偷偷踢了踢他的脚，提醒他，现在还不是发火的时候。那刘邦何其聪明，马上改口说：韩信立了那么大的功劳，还要什么假王，就封正式齐王！试想，当时倘若张良不及时提醒，或刘邦不能随机应变，结果必是激反韩信，而凭韩信那本事，这天下是谁的就不一定了。所以可以说，一个提醒便改变了历史进程，提醒的意义可谓大矣。

从一些历史的细节之中，我们也许会看到一群活生生的人从逝去的历史中复活。我们会同其悲，同其喜，我们对历史就会有一种亲切感，历史就不会是一组枯燥的数字和一些事件的罗列。我们对于人生，或者就会有更深的感悟。袁绍乃是称霸一方的英雄，而人单势孤、寄人篱下的刘备怎能与袁绍相提并论呢？然而曹操却不是以静止的观点看待人，以一时成败论英雄，他在与刘备"青梅煮酒论英雄"时断言："色厉内荏，好谋少断，干大事而惜身，见小利而忘命"的袁绍不会成就大事业，相反刘备"胸怀大志，腹有良策，有包藏宇宙之机，吞吐天地之志"，是真英雄也。曹操有如此的眼光，这也是他成为千古英雄的原因所在。

又如，19—20世纪之交，中华民族正处在深重的苦难之中。鸦片战争之后，中国丧失了独立地位，变为一个半殖民地半封建国家。中日甲午战争的失败，大大加快了这种沉沦的步伐。亡国灭种的阴影，沉重地压在几代中国人的心头。戊戌维新运动的志士谭嗣同悲愤地写下这样的诗句："世间无物抵春愁，合向苍冥一哭休，四万万人齐下泪，天涯何处是神州?"二十世纪初到日本留学的鲁迅也写道："灵台无计逃神矢，风雨如磐暗故国，寄意寒星荃不察，我以我血荐轩辕。"在那样一个血雨腥风的年代，谭嗣同、鲁迅这样的伟大心灵所经受的折磨与痛楚，恐怕是今天的学子所不容易体察到的。

1927年，梁启超被美国医生误切一个好肾，为了便于西医在中国的推广，为了维护西医的声誉，梁启超谢绝了他的学生徐志摩对美国医生起诉的提议，不要赔款，不要道歉，一个人默默地承担着痛苦。1929年初，梁先生与世长辞。这件事，正史里不会有，中学历史教科书中更不会有，但这件事足以使学生对梁任公油然而生敬意。历史总是会记住那些为文明的进步做出贡献的人们的。

第三章　课程的使命

课程改革：需要理论导航

　　我真正走遍了大半个中国，我有限的经验告诉我：江苏和湖北在教师的素质方面，在全国是最好的。江苏的一些县（或县级市）我都去过，像高邮、丹阳、吴江、通州、如东、宝应等，我发现这些地方的领导、校长和教师的水平都非常高。江苏有一大批优秀教师，我比较熟悉的就有薛法根、凌宗伟、陈明华、秦志强、王笑梅、袁卫星、谈永康、凌龙华……他们课上得很好，文章也写得十分漂亮。江苏的教育报刊办得很好，文章很有思想内涵；江苏的教育学会在教育理论界有很大的影响，做了许多有意义的工作，这在全国也是少有的。江苏不愧是文化和教育大省，它一定会有美好的明天。

　　当我看到江苏教育出版社最近推出的杨九俊、吴永军主编的一本解读新课程的作品——《建设新课程：从理解到行动》，我没有感到意外。在一个文化和教育大省出现一本高水平的为课程改革导航的理论读物，是一件理所当然的事情。

课程改革是十分必要的，但是缺乏深厚和坚实的理论准备，一直是它的严重缺陷，理论工作者有责任来夯实课程改革的理论根基。而《建设新课程：从理解到行动》就是这样一本著作。作者就课程改革的背景、目标、课程改革中教师的专业发展，课程改革试验的规划与推进策略等备受一线教育工作者和教育研究者关注的话题，做了深入的探讨。《建设新课程：从理解到行动》的形成是本书的作者群在对新课程持续不断的实践中合作研究与合作表达的产物。

当下，课程改革正在华夏大地如火如荼地展开，受到各方人士的关注。"课程改革之所以受到政府和整个社会的普遍关注和期待，重要原因在于，我们希望通过课程改革，使基础教育为社会和国家政治发挥更大的作用。20世纪80年代，尤其是90年代以来，国际竞争新格局的形成使每一个国家、每一个民族的生存、发展意识都得到前所未有的强化。人们纷纷关注自己的国家、民族在新世界格局中究竟处于什么样的位置。对外，国际竞争空前激烈；对内发展战略就必然会受到普遍重视。以科学技术和教育的发展作为支撑，适应国际竞争的新形势，是我国世纪之交发展的必由之路。为此，我们只有把课程改革和基础教育的发展与国家、民族所处的大环境结合起来，才能更深刻地理解到课程改革的必要性。"
（杨九俊：《建设新课程：从理解到行动》．南京：江苏教育出版社，2009年版，第2页，下同）作者对于课程改革背景和意义有着非常准确的理解。只有具有明确而理性的目标的改革才会成功，否则就可能无的放矢，甚至倒退。本次课程改革在对国内外环境做出分析的基础上，结合目前的社会经济文化状况提出了课程改革的根本目标："造就新型公民……所谓新型公民就是具有新的'生命形态'的公民。"（第30页）一个美好的目标是必需的，但目标的实现必须关注实践领域，对课程而言，其实践领域就是学校的具体教学。如书中所言："课程改革目标的实现：重建教学文化。"（第44页）同时，课程改革目标的实现还必须能够高屋建瓴地对所要改革的对象有清晰的认识："如何理解课程的内涵，决定着我们将要改什么、如何改……本次课程改革所给予的课程观与以往的课程改革相比，发生了很大的变化……我们认为，'课程'是指'设置教学情境并使学生在这种情境中获得经验的过程'。"
（第44页）

本次课程改革用"课程标准"代替了长期以来被中小学教师视作生命和根本的教学大纲。"国家课程标准所要体现的国家意志，突出地表现在国家所规定的国民素养或公民素质的基本要求上……既然国家课程标准体现的是一种国家意志，于是国家课程标准就具有了统一性、普遍性和强制性。

所谓统一性，是说国家课程标准中规定的公民素质的基本要求，是一种对未来公民素质的统一要求；所谓普遍性，是说这种标准适用于基础教育阶段所有开设这门课程的学校；所谓强制性，指执行义务教育阶段的国家标准，必须达到课程标准所规定的公民素质的基本要求。"（第50～52页）

"新课程标准力图体现素质教育的基本精神和理念，以确保课程与教学成为实施素质教育的重要载体。如《品德与生活》课程涉及的基本理念所体现出来的尊重儿童、理解儿童、欣赏儿童，促进儿童人格和身心健康发展的理念；强调学习方式的多样性与不同学习方式的等价性，从而提出间接经验和直接经验、间接学习与直接学习、书本学习与实践学习同等重要等。"（第57页）

课程结构的均衡化和提高课程的综合化程度是本次课程改革的两个重要目标。课程均衡化需要考虑科目设置、课程同儿童的生理心理相适应、课程与不同地区相适应等问题。"新课程方案试图吸收课程发展史上的有益经验，兼顾学科课程、综合课程、综合实践活动这三类课程在人的发展、中小学教学过程中的不同作用。考察课程结构的均衡化，除了关心科目的变化、课时比例的变动情况外，还要关注课程设计者如何根据学生的成长和不同年龄特征，纵向安排各种课程门类……新课程方案在课程的整体安排、科目的纵向安排、课程结构的变化三个方面体现了九年一贯的整体性、均衡性。"（第93～95页）提高课程的综合化也是本次课程改革的一项重要目标。作为教育和课程发展的一种基本趋势，综合化的要求渗透到了教育的每一个环节和阶段。新课程通过增强学科教学的综合性、设置综合课程、增设综合实践活动等方式实现课程的综合化。

新课程改革作为新世纪万民关注的一项重要改革，其成功与否关系到21世纪中国在国际上的地位，关系到中华民族的伟大复兴，关系到我国国民性的改造。每一个关注课程改革的人，每一个课程改革的实践者，都必须对此次课程改革的理念有深入的了解。《建设新课程：从理解到行动》这本书无疑为我们提供了一个好的阶梯，特别是书中对课程改革试验状况的研究与分析，更是在同类的书中凸显出来。编著者独特的研究视角和对教育实践的关注，这一点是最难能可贵的。

课程改革的意义

基础教育课程改革在中国教育界如火如荼地开展着。在我看来，这场改革对于中华民族的伟大复兴和建设自由、开放、多元、民主与法制的社会，有着极其重要的价值。

首先，课程改革有助于改造我们的国民性。几千年来的农耕文明和封建专制统治，使我们中国人形成了过于内向（敛）、不善言谈、含蓄清淡、性格拘谨的"众趋人格"。

改造国民性的话题，已经谈论了一个多世纪。鲁迅先生曾说，旧时代的中国人是"两眼下视黄泉，满脸一副死相"，这固然是鲁迅的犀利，但的确也是旧时代广大中国农民的众生相。日出而作、日落而息、整天面朝黄土背朝天的中国农民，在生存的重压下，哪有生命的鲜活和人性的飞扬？尽管我们今天也还不难看到充满愁苦、很不自信的同胞，但毕竟换了人间。由于中国社会的进步，特别是由于社会生产方式与生活方式的变化，在"国民性"上，中国人也有了积极的变化。比如，人们有了更多的法治观念和个人权利的意识，有了更多的民主参与意识和能力。

但更为深层和更为彻底的国民性改造，光有思想领域的呐喊与启蒙是不够的，光有社会生活环境所带来的变化也是不够的，我们必须改变每个人的"人格定型期"，即学校生活时期的生活方式，而学习方式就是学生的生存方式和发展方式。

新课程强调学生主动地学习，实质性地参与教学过程；鼓励学生大胆质疑和积极探究；倡导给学生提供更多的实践机会和表现空间；强调学习过程中师生、生生之间更多的互动和合作交流；强调对问题的多角度理解、鼓励不同观点之间的争鸣与碰撞；提倡发展性评价，力图带给学生更多成功的体验和美好的回忆。新课程力图变"听"的教育为"说"

的教育，变"静"的教育为"动"的教育，变"认知"的教育为"认知与情意统一"的教育，变"唯理性"教育为完整的人的教育。所有这些都将有助于学生形成积极、乐观、开朗、进取的个性，形成"乐于分享、善与沟通、服膺真理、勇于承担、敢于创新"的民主的性格。

我真诚地希望我们的同胞多一点个性的张扬，少一点自我贬抑；多一份自信与自尊，少一点自轻与自贱；多一点自主判断、自主选择、自主承担，少一点轻信盲从和不负责任；多一点饱含尊严的社会性，少一点奴性和曲意逢迎。而这就需要我们去创设充分开放、充满民主与自由精神的校园生活环境以及一切社会生活环境，以造就我们的自由意志和独立人格。

课程改革的第二个积极意义是推动教师成为探索者。在我们的教师队伍中，的确有部分教师是缺乏探索精神和探索的内在冲动的，因而，在教学中他们更多地表现出依纲靠本、照猫画虎、得过且过、不思进取。而探索是良好教育的必然要素：探索意味着探索者不因循守旧、墨守成规，意味着探索者的大胆尝试、追求卓越，意味着探索者经验的开放性和工作中丰富的动机。因而，探索、发现和创新也是健康人格的重要特征。

"教师成为研究者"即教师不仅要研究教学的内容，做课程的开发者，同时要探索有效教学的策略，探索如何创设情境和氛围，如何设计教学的活动，如何搭建师生、生生之间交流的平台，如何构筑研究性学习的支持系统，如何评价学习的效果等。因为探索能使课堂多一份灵动与飞扬，多一些朝气与活力。

教师的探索影响、引领和激励着学生的探索，课堂生活因为探索而变得悬念迭起、趣味无穷，变得开放、幽深、鲜活和魅力十足，因为师生的共同探索，他们共享着更高品质的学校生活。

尽管在课程改革中存在着这样那样的问题和弊端，比如缺乏充分的理论准备，急于求成，缺乏严谨的科学态度和实验精神，个别人热衷于"以官员的身份搭台，以学者的身份唱戏，最终是以商人的身份谋利"，也有个别人急于捞取政绩，以便谋取更多的私利等，但日月之蚀无损于日月之明，基础教育课程改革的成就必将因具有深远的历史意义而彪炳史册。我乐观地期待着。

以改革的精神反思课程改革

改革的精神就是开放的意识、探索的心态、包容的气度、多元的观念、虔敬的情怀。教育改革是一件严肃的事情。没有任何一个人可以作为我们的试验品，我们需要有谨慎的态度和务实的精神，这也是改革精神的应有之义。

我对课改的必要性给予充分的肯定。因为，一方面，社会变化的速度越来越快，任何社会系统要能有效地发挥作用，就需要不断地做出结构与功能的调整；另一方面，在现代社会中，教育不仅要适应社会发展的需要，而且应成为社会发展的一种先导力量。所以，改革是现代社会和现代教育的一个重要特征。而当前正在进行的课程改革是整个基础教育改革的重要着力点。

在我看来，本次课程改革有两点非常突出：一是有助于改造国民性。我国是一个农业大国，有着长期的封建专制主义历史，它使我们的国民在性格上比较内敛、缺乏主动性、过于迷信权威、习惯被动与依赖、不够开朗、积极和乐观、不够自信、个性的自我表现力不强。这是个文化问题，当然也是一个教育问题。传统的教学压抑了学生丰富多彩的个性，我想这次课程改革可以让我们的课堂给学生更多的参与、思考、表达和展示自己的机会以及更多自主的空间，从而使他们获得更多的成功体验，变得自信、积极和乐观，从而从本质上改变现状，弥补国民性格的缺陷。

二是促使教师成为探索者和研究者。过去的教师是"依纲靠本"来进行教学，《教学大纲》给予了教师非常详尽的指导，教师只是教材的执行者。而现在的课程标准是粗线条的，没有可以依靠的外在行动指南。它的好处就是可以发挥教师自己的创造性，显现教师自己的教育个性。它也迫使教师去研究教学的内容、去探索教育的艺术，并通过这些活动使教师获得自身素质的提升，使教师变得更富有教育的智慧，从而带给学生更高品质的校园生活，丰富教师的工作动机，增加成就感，提高教师的生命质量，为教师赢得更多的尊严，使教师职业成为一个不可替代的职业。

因此，课程改革最关键的是改变教师的观念和行为。我认为，一个好的教师必须具备三个层面的素质：一是深厚的文化底蕴；二是教育的理想和信念；三是教育的智慧，包括批判性地使用教材的能力以及教学机智等。其中，文化底蕴是最重要、最难做到的，也是教师最为缺乏的。因为只有具有深厚的文化底蕴，教师才能内源性地生长出教育的理想与信念。换言之，才能有教育理想与信念生长的土壤，否则教师只是简单地从外界接受一些东西，这些接受的东西就会成为外在的、皮毛的东西。

对于教师的成长，我想提出三点建议：一是教师要系统地读一些东西，特别是要养成读一些好的教育刊物的习惯。因为教育刊物能比较快地反映各方人士对教育问题的一些思考，帮助教师用相对少的时间获得相对多的信息；同时，相对于那些拼凑而成的书籍而言，好的教育刊物能带给我们更真实的东西。这里顺便提一下，为了抢占市场，最近匆忙炮制的有关课程改革的不少读物相继出版，有些是靠行政命令发行的。在此，我呼吁，不要使中小学成为倾销出版垃圾的场所！二是学校要搞好教科研活动，要促成教师之间真诚的交流。三是各级教育行政部门一定要本着对教师高度负责的态度组织好师资培训，真正提供给教师高水平的培训。教育行政部门要请一流的学者做指导，因为"假冒伪劣"的学者会严重败坏教师对教育理论的兴致，严重挫伤教师参与课程改革的热情。

我想特别强调的一点是，我们一定要以务实求真的态度对待改革。首先，课程改革只能是一个探索的过程，没有一个现成的模式，不是简单的政府行为，也不是一个政绩工程。对实验学校和实验教师来讲，课程改革的过程也绝非完成指令性任务的过程，而强调课程改革所具有的探索活动的属性可以使这一改革试验不致成为服务教育外在价值的一种运动。其次，课程改革决不能急于求成，不要搞课改的"大跃进"，要充分估计这一改革的长期性、艰巨性与复杂性。这其中的道理很简单：没有教师的成长就没有真正意义上的教育改革。更深入一点说，课程改革是对教师人格的一种锻造，这种锻造不是一种表面的行为，不能指望通过几次培训、听几次报告就收到立竿见影的效果。如果不做这样的理解，改革就会是肤浅的，就会欲速则不达。还有，课程改革要发挥人的主体性，特别是要激发广大实验教师的主动精神，要使任何一个参与者都能用自己的头脑去判别，而非迷信权威或等待一个正确的"指示"。

衡量课程改革是否成功的标志究竟是什么呢？我认为，其一是看我们的教育追求是不是体现了生命教育和公民教育的宗旨。也就是说，看我们的教育追求是不是在为幸福人生奠基，是不是在培养民主社会的建设者。

其二是看学生在课堂中的学习方式是否发生了真正的变化，即学生的学习是不是积极主动，学生的学习过程是不是充满了快乐和成功的体验，学生是不是乐于思考和勤于自主探究。

其三是看师生关系是不是发生了变化，即师生关系是不是变得平等、和谐、融洽了？传统观念下倡导师道尊严，教师有意无意地把自己看作知识的权威，学生一直处于仰视和遵从的地位。在新的教育理念下，学生开始成为教学过程的主体，这就要求教师积极转变角色，容纳学生不同的声音，承认他们的"异己"思想，真诚地倾听学生的意见和内心感受，鼓励学生去探索和实践，发现学生的优势和潜能。

其四是看学生学习的内容是不是真正体现了人类文化的基本精神，体现了人类的基本经验和核心价值，是不是与学生的生活经验密切相关。这是从内容维度上来讲的。过去的教材为学生提供了各种各样的答案，可谓天衣无缝、和盘托出，但就是没有给学生留下可以提出问题的空间。

其五是看高效的学习型组织和创造了优良的学校文化是否真正形成，师生的校园生活质量是否真正得到了提高。

一言以蔽之，最根本的是看学生和教师是不是在这次改革中获得了更好的成长和发展；看学生是不是在学习过程中获得了更加主动的发展，更多展示出他们丰富多彩的个性，更健康活泼快乐地生活；看教师是不是有了更强的专业精神，是不是有了更高的工作热情和充满了职业的成就感。

最后要强调的是，我们必须用改革的精神推动改革。改革精神，这里特别要强调的就是要尊重多样性，要有各种观点、思路的碰撞与交锋；要有包容性，要听得进不同的声音。我们既要积极宣传课程改革，又要避免舆论"一边倒"。教育改革要求只许成功不许失败，这是教育人道主义的"绝对命令"。因此，我们要确保政策的民主化、科学化。当前，应集中整个教育界的智慧，为课改实验的进一步推广做好最充分的理论准备。同时要及时解决前一段课改中已经显露出的问题（如包容性不够，急于求成，目标过多，过于分散等），以积极而又审慎的态度推进课程改革。

以课改的视角审视教育

壬午年春，江苏省通州市教育科学研究室邀我去通州讲学，我因此认识了郭志明先生。虽然在通州时间不长，可是我对郭志明先生却产生了深刻的印象。在与他的交谈中，我感受到他人格的洁净、心境的宁静。最近，我又在《人民教育》上读到郭志明先生的《教师·教育·永远的梦》一文，我读到了他"人可以没有财富，没有地位，没有……但不可以没有梦想和追求"的情怀。他从一个清贫的农家走来，父母的善良、淳朴、勤劳造就了他淡泊名利、宁静致远、勤奋好学、执着坚毅的性格。他酷爱学习，以书为伴，境界因此而开阔；他挚爱学生，以生为友，激情因此而燃烧；他钟爱教学，以师为荣，生命因此而精彩。我以为，一个教育工作者能以这样的心态面对纷繁复杂的社会，以这样的情感对待自己所从事的工作，是值得称道和推崇的。

作为江苏省语文特级教师、有突出贡献的中青年专家、全国优秀教师，他潜心于语文教学和教育科研工作，成果颇丰。最近，他寄给我一叠书稿——他的又一本用心血凝成的书籍《课改：教育新视角》即将面世。这是一本很值得一读的书。新一轮基础教育课程改革实际上是一场教育思想的革命，它催生着我们的教育理想，改变着我们的教育活动方式，激发起我们促进教育进步、变革教育现实的热情。郭志明先生站在课程改革的前沿，积极思考课程改革中的相关问题，以全新的视角审视教育，以独到的见解诠释课改背景下的教育观、教材观、课堂观、学生观和教师观。可以说，郭志明先生正是怀揣着对课改工作的一腔热情，积极地对如火如荼的课程改革实验做出了思想和情感的回应。他所做的是一项有意义、有价值的工作。

走进郭志明先生的这本书，徜徉在"一方资源丰蕴的生生息壤"——教材只是一个例子，教学不是教教材，而是用教材教。学生不再是教材的被动的受体，而是对教材进行能动实践的创造性主体；教学不再是只追求对教育经验的完美的预设，而是为学生留有发展的余地，引导学生关注教材和课堂以外的更多东西。如果教材是一章乐谱，教师则是作品的演奏者。为什么有的指挥家和乐队特别受人欢迎，不仅仅是因为他们演奏的乐曲本身优美，更为重要的是他们用自己对乐谱的理解和演奏技巧为乐曲赋予了第二生命。教师和学生不再是教材的奴隶，他们是教材的主人和开发者。

领略"一片生命共生的无限时空"——现代课堂应该飘荡师生生命的交响曲，教学过程是师生生命共同成长的过程，它意味着以石击石的火花喷射，以情生情的心潮相逐，以思引思的丝丝相连；它意味着用生命感动生命，用灵魂完善灵魂，用智慧开启智慧的相互造就。

捧起"一捧永绽不败的诗意花朵"——尊重五彩缤纷的个性，呵护鲜活灵动的生命，创设自主发展的环境，开发蕴精蓄华的宝藏，让孩子们诗意地栖居在充满阳光、飘荡春风的教育园地。

……

教育，一个古老而又永远年轻的话题。我从郭志明先生这本书的滚烫语言中，不仅品读到他对新课程背景下教育的理性思考，更触摸到他对孩子、对课堂的炽热爱心，感受到他潜心于拷问教育的热情和执着。这是每一位有责任心的教育工作者应该达到的境界。

是为序。

（本文是为郭志明老师所著的《课改：教育新视角》写的"序言"，该书已由北京大学出版社出版）

课程的意味

在今天的中国教育界，课程改革已经成为整个教育改革的重点和热点。这有着国内外政治的、经济的、文化的诸多原因，但从某种意义上说，最根本的原因就在于："课程乃是把宏观的教育思想、制度和措施等与微观的教学实际、学校的日常生活联系起来的主要媒介和途径，是把理论和实际结合起来的一座桥梁。"因而，在任何　个教育体系中，课程问题总是居于核心地位，任何彻底的、富于深度的教育改革都不能不触及课程，都不能不把课程的改革当成整个教育改革的着力点和切入点，并最终将教育改革凝聚、落实到课程上。

在汉语中，"课程"一词更多地指称学科的知识体系。因而，在过去人们的观念中，课程是静态的、凝固的，是先在于教学过程、外在于学生个人生活的学科知识。这些学科知识凝固成教材、教科书之类的东西，并且经常是凌驾于学生之上的，学生对于课程主要处于接受者的角色。过去，我们存在的突出弊端就在于：强加给儿童的是脱离现实生活的、抽象的一般性知识，它们作为学科知识是从理论上加以组织和体系化了的。这种课程观折射出和集中反映出我们的教育观：学生不是个体知识主动的建构者，而是被动的接受"知识"的容器。

作为一种普遍现象，学生学习的方法是把那些已成的、僵死的知识记忆下来，这就导致了过分依赖已成定论和记忆的问题。教师作为知识权威的代言人，他们全面控制课程的组织与开展，他们给予传统的、书面的、叙述的表达方式以特殊地位，这就不可避免地削弱甚至损害学生口语表达、个性表现力、自发精神和创造性以及研究能力的培养，学生仅是知识的被动的接受者，学生个体的探索和体验得不到重视。

一般说来，真正的学习唯有在帮助学生建构同其实际需求与兴趣、能力相应并关联的知识时才会发生。尽管学科课程的知识体系也顾及儿童的成熟及其能力发展，力求遵循从简到繁、从易到难，或者从具体到抽象的原则加以编制（从这个意义上说，不能说它全然不顾及儿童的实际），但这种场合所考虑的儿童不是活生生的具体的儿童，即不是具体生活情境中的儿童，而是一般地、抽象地考虑的"儿童"。因此，学科的体系之所谓适于"儿童"，也不过是千篇一律地、模式化地看待的"儿童"。这种课程实践整齐划一地强加给儿童的事实并没有得到根本的改变。脱离现实生活的抽象知识的堆积，且各门学科彼此割裂、凝固僵化，这是过去我们教育存在的十分严重的问题。今天，我们重新构筑有助于个性解放与自我实现的课程就成了当务之急。而这种努力的重要特征就是课程的生活化和综合化。

那么，课程究竟是什么呢？我们试图要带给学生和学生最后实际经历与体验到的一切都是课程。这是今天我们对于课程最广泛意义上的理解。

课程不仅是学习内容的供给系统，也不仅是学生学习领域与学习主题的规划与设计，还是学生学习情境、氛围以及师生获得的各种体验，因而进一步成为保证个性全面发展的系统。课程不是那些预成的、静态的凝聚物，而是包括教学活动在内的师生共同活动的过程和成果。

课程也不是外在于学生、更不是凌驾于学生之上的某种预先存在的东西。学生本身也是课程的组织者和参与者，因为没有学生的学习活动，就不存在完整的课程。所以，课程不仅是学习的内容，还包括学习的过程和学习的结果。从心理基础而言，这样的课程比认知过程更为广泛，因为它强调学生个性的全面参与，是学生整个人的"卷入"。学生通过与活动对象的相互作用实现自身各方面，包括认知、情感、态度、技能以及体质与体魄的发展。

我们要向学生展示什么、呈现什么、提供什么？一言以蔽之，我们要带给学生的一是内容，即学习的领域与主题；二是如何呈现这些内容，即学生在学习过程中处于一个什么样的境地，我们应该创设一个什么样的情境与氛围。前者主要依赖于我们对"什么知识最有价值"的理解，后者则主要基于我们对"教学过程"独特性与有效性的理解。

正如有学者指出的：学科知识本身的完备并不能直接转化为学习者理想的发展。尽管课程在知识水平上可以达到相当严密、完整、系统、权威的程度，但却经常由于脱离了学生的主观世界和内心体验而无助于他们的发展，甚至不能够保证这些知识真正为学生理解和掌握。这样的问题，几乎在各个国家的教育实践中都先后被人们注意和批评过。于是，人们逐渐将努力从追求课程在客观上的完美，转移到课程对学生产生的主观效果上。这并非主观唯心主义，在教育活动中，受教育者的主观体验是最具有客观实在性的，也是从公共知识向个体知识转化的必要中介。

只有那些真正为学习者所经历、体验、理解和接受、内化了的东西才称得上是课程，也只有在学习者主动获取经验的过程中，才谈得上个性的充分发展。许多人在谈到课程时开始使用"经验"这一概念，强调课程就是学习者本身的体验以及获得各种性质和形态的经验。虽然杜威的理论及相应的实践受到普遍的批判，但是，在世界范围内，以学习者为中心、以学习者自主获得学习经验为目的的课程已经成为相当广泛的实践。学者们普遍认为，这样的课程对发展学生而言是一味强调接受已成的结论的课程所无法企及的。

这种观点强调的是，课程是受教育者各种自主性活动的总和。这种课程观被称之为经验课程，即学生通过与活动对象的相互作用实现自身各方面的发展。经验课程强调学生是课程的主体，以及作为主体的能动性；强调以学生的兴趣、需要、能力、经验为中介来实施课程。它从活动的完整性出发，突出课程的综合性和整体性，反对过细的分科教科书的编制和课堂教学；它从活动是人心理发生发展基础的观点出发，重视学习活动的水平、结构、方式，特别是学生与课程各因素的关系。

课程与教学

课程与教学是一个很宽泛的认识领域。也许有读者会说，它完全可以作为一套丛书的主题，岂是一篇短短的随笔说得清楚的。这么说当然不无道理，但我们每个人对一个重大认识领域在广泛涉猎的同时，也可能会有一孔之见。随笔的优势就体现在要言不烦地表达作者的一点心得、一丝感怀上。

课程与教学，作为教育学中的两个核心概念，二者既相互独立，又密不可分。课程包括教什么、教学内容如何组织、如何规划学习进程；教学是基于课程的师生共同活动，它涉及"为什么教、教什么、教给谁和怎么教"四个基本问题。课程只有落实在教学中才具有真实的意义，而教学必须基于课程的规制和指引才能保证它的品质。

关于如何看待课程与教学之间的关系的问题，美国学者塞勒（J. G. Saylor）等人提出的三个隐喻可以帮助我们思考和考察这个问题的实质。隐喻一：课程是一幢建筑的设计图纸；教学则是具体的施工。隐喻二：课程是一场球赛的方案，它是赛前由教练员和球员一起制定的；教学则是球赛进行的过程。隐喻三：课程可以被认为是一个乐谱；教学则是作品的演奏。（施良方：《课程理论：课程的基础、原理与问题》. 北京：教育科学出版社，1996年版，第139页）

课程不仅仅是教学内容，它还包括学生学习和发展的整体的"布局谋篇"，它是教学内容及其架构。在后现代课程观的视野中，课程不再被视为固定的、先验的跑道，而成为达成个人转变的通道。这一侧重点和主体的变化将更为强调跑步的过程和许多人一起跑步所形成的模式，而较少重视跑道本身。

在不同的教育阶段，设置什么课程，其中又包括哪些学习主题，各门课程所占的分量和地位如何，它们之间是一个怎样的关系，这都不是一个简单的问题，需要精深的研究和精心的设计。

就整体的课程设置而言，它首先有一个价值导向的问题，那就是开设这些课程究竟是为了什么，要把学生培养成一个怎样的人。泰勒在1949年出版的《课程与教学的基本原理》被公认为是现代课程理论的奠基石，是现代课程研究领域最有影响的理论构架。这个原理是围绕四个基本问题运作的：① 学校应该达到哪些教育目标？② 提供哪些教育经验才能实现这些目标？③ 怎样才能有效地组织这些教育经验？④ 我们怎样才能确定这些目标正在得到实现？（泰勒：《课程与教学的基本原理》. 施良方，译. 北京：人民教育出版社，1994年版，第2页）

在中小学开设一些什么课程，世界各国并无大的差异，因为核心的课程无非是语文、数学、科学、艺术、历史与社会、体育与健康。当然还有有分量但并不大的地方课程与校本课程。世界各国课程的差异主要在具体内容的多寡、深浅和内容的组织上，特别是内容所包含的价值观的差异。价值观的差异通常可以反映出自由社会和极权社会的区别。

课程是教学活动的设计蓝图，它规定教学的方向、范围和进路。好的课程设计一定要顾及教学的可能与需要，给教学更清晰、明确和更富有内在关联的指引。而好的教学也需要教师更真切、更恰当地把握课程的意图，理解学习内容的系统与要素之间的关系，而不是"只见树木，不见森林"。

现在我们的课程编制主要是由课程专家（包括学科专家）来着手进行的，尽管在课程编制过程中也吸收了一些教学经验丰富的一线教师参与，但广大教师对于课程的意识仍然稀缺。他们更多关注的是如何"教"，而首先不是为什么要"教"这些内容以及当下所教内容在整体的学生成长所需的精神食粮中占有一个怎样的地位。只有当教师有很高的文化素养，课程与教学在行为主体中才能得到真正的、高度的统一，而这种统一对于高品质的教育是非常必要的。

课程设置确定以后就是教学的事了。课程反映着教育目的，教学目标落实课程目标。教学目标应该是具体的、可清晰描述的、可分解的任务，但这其中应该渗透一种灵魂，一种自觉的追求，因为教学最高层次的追求就是洗涤精神的尘埃，点燃智慧的灵光，引导学生"做有意义的事，做有尊严的人，过有品位的生活"。教学不仅应该是有效率的，更应该是有灵魂的。赫尔巴特在19世纪提出的"教学的教育性原则"是有其深意的。因为在他看来，"远非一切教学都是教育性的"。为此，赫尔巴特倡导"教育性教学"，这是一种能够使人"高尚而不是变坏"的教学。（赫尔巴特：《赫尔巴特文集》第3卷. 杭州：浙江教育出版社，2002年版，第214～215

页）无疑，教育性的教学是教师教育素养的重要体现。马克斯·范梅南有一句名言："教学就是'即席创作'。"（马克斯·范梅南：《教学机智——教育智慧的意蕴》. 李树英，译. 北京：教育科学出版社，2001年版，第104页）而这一"即席创作"的品位取决于教师的精神修养。

课程知识的特征

课程知识是通过一定的程序和途径选择出来的精致编码的知识。它在学校中作为学校教育的主要载体，作为师生交流互动的媒介，是学校场域中教育活动发生、发展的核心要素，具有其独有的特征。自从教育学作为一门专门化的学科开始，课程知识的选择和组织问题就成为教育理论特别是课程理论的重要课题。

布尔迪厄把课程知识视为"文化资本"，阿普尔则把课程知识视为"法定知识（legitimate knowledge）"。课程知识来源于人类对自然、历史、社会及人性整体认识的思想宝库。但它又经过了一种精加工，它删除了知识原生态中那些枝节的、极其次要的东西，更是剔除了知识生产过程的背景、曲折艰难的过程。

课程知识的生成过程，实质上也从实践上回答了关于"什么知识最有价值"的问题，即选择什么样的知识以及这些知识以什么样的方式呈现和作为"文化资本"传授给学生。

概括地说，课程知识具有如下特征。

第一，制度化特征。自19世纪近代学校形成以后，开始出现了制度化的教育，它可以说是现代教育的基本形式。这种制度化的教育必然要求一种制度化的知识与之相适应，而学校规定的课程知识就显示了制度化的特性。日本学者佐藤学指出了这种知识的四种性质："一是这种知识是在现有的被视为学问（科学技术与艺术）、作为真理与真实的知识中经过政府检定（或是国定）的，某种意义上说是经过过滤的知识；二是这种知识是儿童'能够理解和传递'、亦即被转换、归纳成得以传递的话语（文字）这样一种制度（约定俗成）的知识；三是这种知识在大多数场合是在当代的学问中显而易见的结论（正答）。亦即无须儿童通过学术论辩就可以学得的，而不是通过检定教科书的学习，学习被视为'正答'的结论。即便要经过论辩的场合，也仅仅是学习有若干结论（正答）的知识；四是这种知识由于是局限于上述框架里，教师、家长和儿童也没有感到必须超越这种框架去求得知识。"（钟启泉：《论"教学的创造"》. 教育发展研究，2002年第7、8期）这种观点从课程知识的社会性及其传递过程中所呈现的特征来描述课程知识的性质未必全面，但是却抓住了课程知识的关键性特征。这种制度化特征主要体现为课程知识的社会规定性，与国家政策有着较为紧密的联系。

实质上，课程知识的这种制度化特征是课程的制定和实施，也即由课程知识的选择过程所决定的。学校课程要选择的是最基础的知识，课程知识作为实现新一代成长发展的"文化资本"，应具有相对的稳定性，变动性应相对较小，具有较大的社会认同，是"约定俗成"的知识。

第二，社会性特征。课程不是简单的文化和事实的传承，课程知识也不是纯粹客观的外在于个体甚至社会的存在。课程是政治、经济和文化活动的产物。课程知识选择的背后有社会权力的选择和意识形态的影响。课程主体是一定社会和文化环境中的人，处于具体的环境之中，受特定的文化背景的熏陶，因而不可避免地以所处的文化视角看待问题，这种视角会影响甚至干扰他们对社会现实的感知和理解。因此，不同的课程主体在确定和选择课程知识的时候，就不可避免地会从自己所赖以居之的人文背景出发，其选择的课程知识内容则烙上他们所秉持的社会文化价值的印痕。正如马克思·韦伯所说："人是悬挂在由他们自己编织的意义之网上的动物。"（克利福德·格尔茨：《文化的解释》. 上海：上海人民出版社，1999年版，第5页）课程知识则是人类为自己所编织的意义之网。每一个时代都有该时代所需要的价值观，课程知识的选择就是要以该时代的价值观为基础，经由特定群体立场的认定。这也就是雷蒙德·威廉姆斯（Raymond Williams）所说的选择性传统（selective tradition）。"从过去和现在的整个可能领域里进行选择，某些意义和实践被当作重点选出，而另外某些意义和实践则被忽略和排除。更加至关重要的是，这些意义被进行了解释、淡化或改变形式，以支持有效主流文化的另外一些要素或至少与之不相冲突。"（迈克尔·W.阿普尔：《意识形态与课程》. 黄忠敬，译. 上海：华东师范大学出版社，2001年版，第5～6页）阿普尔主要从意识形态的角度看待学校课程知识，他力图证明课程知识的价值性和意识形态特性，指出课程知识"不仅仅是一个分析的问题即什么应被看作知识，也不是一个简单的技术问题，更不是一个纯粹的心理学问题即我们怎样让学生去学习，相反，课程知识的研究是一个意识形态的研究，即在特定的历史阶段，在特殊的机构中，特殊的社会群体和阶级把学校知识看作是合法性知识"。（迈克尔·W.阿普尔：《意识形态与课程》. 黄忠敬，译. 上海：华东师范大学出版社，2001年版，第53页）这一点，历史是最好的脚注。封建专制主义下的课程需要以忠孝为重，古代中国以"忠""恕"为本的儒家思想为课程知识的选取标准，西方的课程则以神学为中心。到了近现代，思想开放、科技发达，科学知识成为最有价值的知识，在课程知识中独领风骚，但是作为具有重要的德育价值的中国传统儒学和西方的神学，都在学校课程中留有地位。课程是主流阶级的权力、意志、价值观念、意识形态的体现和象征，它实际上是一种官方知识，是一种法定知识。布尔迪厄指出，学校教育是维持形式上教育平等的意识形态，实质上是再生产不平等的社会结构的重要途径。而课程作为教育的内容，作为当时社会合法化的文化，作为一种文化资本，在文化再生产过程中起到举足轻重的作用。它通过课程资源的获得，建立起一种权力支配与被支配之间的关系，在造成社会不平等方面，它充当重要角色。"社会出身主要通过最初的导向预先决定了人们的学习前途，即由此而产生的一系列的学业选择及成功或失败的不同机会。"（P. 布尔迪厄，J. C. 帕隆梅：《再生产——一种教育系统理论的要点》. 邢克超，译. 北京：商务印书馆，2002年版，第93页）也就是说，文化资本少的学生要在学校取得成功非常困难，而文化资本较多的学生可能通过学校教育积累更多的文化资本，从而在社会上获得更多的成功机会。这样，课程知识变成一种象征符号性资源，变成一种文化资本，成为人们增强支配性地位和获得权威的途径。

第三，课程知识的序列特征。课程知识作为人类知识的一种表现形式，体现了人类认识的规律和逻辑。不论是以学科形式还是以活动形式存在的知识，其实都反映着人类认识活动的不同侧面。学科形式的知识较多的是从抽象逻辑的角度，遵循着演绎思维的模式，体现着人类认识能力的发展、知识水平的提高；活动形式的知识则是从形象把握的角度，以归纳的方式体现着人类认识水平的发展。因此，课程知识也遵循着知识的这种内在逻辑。

从实践的角度来看，课程知识的作用对象是学生，课程知识只是为其发展成长而设的人化的有利环境资源，是学生发展的工具而非目的。因此，课程知识要适应学生成长发展的生理和心理特征，而这也要求课程知识遵循特定的顺序，由简单到复杂，由浅显到深入，由已知到未知，由过去到未来，由单极到多维。

课程知识的生成其实只是一种知识价值赋予的过程。当我们揭去知识放之四海而皆准的"真理性""客观性"的面纱之后，知识的情境性、个体性、建构性的一面使得课程不再是叙述性的对客观实体的描述，而变成了由社会群体或专业组织对人类的文化积淀剪裁、建构而成的经验之途和实践指南。对于文化的剪裁，从某种程度上就是对知识价值的一种赋予、认可的过程。

课程知识的制度性特征表明了学校课程知识具有稳定性。学校课程知识作为一种先验的客观存在，为学校课堂教学提供了稳定的知识前提，在纷繁芜杂的生活世界中不为所动。课程知识的社会性特征是学校教育目的实现的保证，是个体社会化顺利实现的物质前提。课程知识在学校场域的顺利实现则是其序列性的表现。

课程知识的这些特征影响甚至决定了课程知识建构的方式和课堂教学的组织形式和效果。课程知识的生成过程其实就是对社会文化知识的选择过程，这种选择是以认知主体的心理过程和知识的逻辑体系为基础，并根据社会的需要对已有的文化知识按照一定的标准和程序进行选择的过程。

课程资源开发的意义

资源是现实社会的一部分，它只有成为儿童学习、研究的对象才能称其为课程资源。凡是能开发与利用的有助于学生成长与发展的物质的、精神的材料与素材，都是课程资源，如图书资料、音像资料、风俗习惯、文史掌故、名胜古迹、自然风光、与众不同的人和事（如独特的个性、卓越的创新、超常的表现）等。有效地开发和利用这些资源，使资源具有更多的教育附加值，能开阔课程研究者和教师的视野，拓宽课程研究的领域，从而促进课程理论的发展。课程资源开发与利用对课程改革的目标，特别是培养儿童的实践能力、动手能力、求知欲、学习兴趣、情感与态度有着不可替代的价值。

一所学校课程资源的丰富程度，取决于其所在地区的历史与文化积淀以及经济与社会发展水平。当前，教材作为最重要的课程资源的载体的地位是毋庸置疑的，因为它是精心编制、包含了最基本的人类经验的学习材料。但积极开发与利用校内外显在与潜在的课程资源有着广阔的空间。积极开发与利用多种多样的课程资源对于密切学校与社会的联系、密切教育与学生生活世界的联系，优化教育资源的配置，推动学习化社会的建设，都有着重要的价值。

新的课程资源观的确立是我国社会经济及教育自身改革和发展的必然产物；课程资源的开发和利用是新的教育课程改革顺利推进的保证，也是为年青一代的健康成长提供高品质教育的基础性条件；课程资源的充分开发和利用还是解决学校教育资源短缺和社会教育资源闲置的最现实的途径和方法。课程资源开发的意义具体地说体现在如下四个方面。

第一，课程资源的开发和利用有利于打破传统单一的课程观念，确立与学习化社会相适应的课程观念，从而为新课程方案（标准）的实施提供条件保障；为课程目标的实现提供资源保证；为课程知识、过程与方法、情感与态度多层面标准的实现提供可能性；为学生探究性、开放式、合作式学习提供支持系统；为在家庭、社区、社会范围内开发新的教育与学习资源提供途径、方法和范例。课程资源的开发和利用也有助于唤起人们的课程资源意识；提高人们对教育、学习的认识，发挥校外社会教育场所和设施的教育作用；有利于拓宽学校教育的范围，加强学校教育在教育内容层面上的与社会各个系统的联系；有利于学校教育树立大教育的观念，从而确立学校教育与终身教育的关系；有利于探寻校内外教育相结合的途径，为真正建立学习化社会提供必要的观念性准备。可以预见：教育资源开发不但会在教育领域内引发一场教育观念的变革，而且会使全社会的教育意识、教育观念有一个提升，为学习化社会的来临奠定基础。

第二，课程资源的开发与利用将更好地促进学生的成长。课程资源的开发与利用不仅将极大地拓展现有的教育内容，还将直接导致教育方法的变革。新的课程资源的引入会带动教育手段、教学组织形式等方面的变革；课程资源的丰富，特别是新兴课程资源会有利于推动现行的教育模式的改革，学生的主体性会极大地提高，学生的实践能力、学习兴趣、创新能力等将有全新的发展。它对于改进传统教育以教材为中心的教学模式具有促进作用。它也将为新课程提供丰富多彩的内容，是新课程教学内容的重要支撑，是保障新课程真实、全面、高效实施的重要条件。

第三，课程资源的开发与利用还可以使课程增加弹性、选择性，使课程更加适应不同地区经济、文化及学生个体发展的需求。它是沟通学校课程与社会所有教学资源的桥梁，也是教材多样化的前提，有利于打破中小学课程由教科书一统天下的局面，有利于广泛利用社区教育资源。

第四，课程资源的开发和利用对教师的教学视野、教学技能起到了极大的促进、推动，甚至是挑战的作用；对于改变"知识本位"的单一式教育具有极强的实践意义。课程资源的开发和利用可以在很大程度上更多地引入社会需要、社会实践、社会问题等到教育领域中来；课程资源的多元化和多样化，可以最大限度地满足青少年的多方面需求，促进青少年人格和个性的健康完善；与社会实际生活密切相关的课程有利于学生主体意识的最终确立——既可凸显教师在教学中的指导性地位，又可充分发挥学生的主观能动性；为学生创造性能力和探究意识的培养提供条件和基础。多元化的课程也有助于引发学生探究与创造的兴趣；有助于教育中民主、平等意识和观念的确立；资源的开放性和信息的共享特征，使教师与学生之间的关系不再是传统的主客或主动与被动的关系，而演变成为一种平等的合作或协作式的关系模式。

值得特别指出的是，不同的资源对儿童发展的价值是不同的；课程资源对不同学科所起的作用也是不同的。毋庸赘言，课程资源开发与利用是新一轮基础教育课程改革与实施的重要保障，是实施新的课程标准的支持系统。课程资源是新的以学生为本的课程得以实施的支持环境，没有与新课程相匹配的课程资源，多样化的课程将无法变成现实。开发多样化、本土化的课程资源是打破以学科知识为本、以教科书为主要学习材料的传统课程体系的突破口。

课堂教学的反思与升华
——评《好课是这样炼成的》

什么样的课才算一堂好课？我认为有三个一级指标：真诚、深刻和丰富。

所谓"真诚"，意味着师生之间坦诚率直，彼此都尽情地表露瞬间的感情和态度；意味着教师的一言一行都是出自内心真实的感受，所表达的一切都是从心灵深处流溢出来的切肤之感，没有矫揉造作、故作姿态，没有"为赋新词强说愁"的无奈与空洞，而有着自然、真切与和谐之美。实践证明，一个教师若能以真诚的自我对待学生，坦率地表达自己的真实思想、情感，真诚地承认自己的缺点和不足，做到言行一致、表里如一，学生就会向教师敞开心扉、向教师说出自己真实的思想和感受，从而真正做到师生之间的心心相印。师生之间这种以诚相待，彼此不断地进行多方面、深层次的沟通和交流，是建立良好师生关系的基础，也是使教学生机勃勃地开展的前提。只有充满真诚的教学，才能给人以温暖的感觉，才能有感染力与亲和力。

所谓"深刻"，意味着教师能够给予学生匠心独运、别有洞天之感，能够唤起学生的惊异感和想象力，能够使学生茅塞顿开、豁然开朗。当然，"深刻"总是相对的。这首先需要教师对教学对象有充分的了解，使教学的目标是学生通过

131

努力可以达到的，引领学生探索和思考的问题是处于学生的"最近发展区"的。

所谓"丰富"，就是教师能够让学生的心灵荡漾在博大、温暖、充实的精神氛围之中，使学生对问题理解得多元与彻底，使学生言说得厚重和表达得多样。

雷玲女士主编的《好课是这样炼成的——品读名师经典课堂》丛书（包括《语文卷》和《数学卷》）为什么样的课才算一堂好课做了最好的注释。更为有价值的是，该丛书通过众多一线教师对名师经典课例的听课、思考、品悟以及名师自身对课例的教学反思，启发老师们真正领悟什么是通过千锤百炼磨出来的好课。同时，在这个过程中，该丛书聚众人之精华，不断提升每一个参与者的自身素质，启迪着我们怎样去上好一堂课。

首先，教学是需要精心准备的，包括对提哪些问题、在何时提问、提问哪些学生、期望得到怎样的答案、学生可能回答的情况及处理办法等都要有明确的通盘设计。实际上，名师经典课堂都是精心打磨出来的。只有教师做到成竹在胸、"胸中有沟壑"，教学才能有主攻目标、有针对性，所谓"生成"也才有可能是富有意义的，课堂也才真正会有实效，学生才会真正学有所获。

其次，正如编者指出的："点滴的细微决定着教学的成败，丝毫的细节决定着课堂效率与质量。关注细节，其实就是关注新课程的理念是否落实到位，就是关注教学行为能否根据新课程的要求重新塑造；关注细节，就是追求教学的高品位，就是追求教学的智慧；把握细节，更是提升教师教学智慧的必经之路。"加拿大著名课程专家大卫·杰弗里·史密斯（David G. Smith）教授所说的："教师所关注的并不是教——即通常所谓灌输条理分明的知识，而是保护使每个学生找到适合自己的道路的环境条件。"（大卫·杰弗里·史密斯：《全球化与后现代教育学》. 北京：教育科学出版社，2000年版，第273页）因此，课堂教学中微不足道的细末之处往往反映着教师的教学水平、折射着教师的教学思想、表达着教师的教学风格，体现着一位教师的实力和功力。注重细节其实反映出教师的敬业精神和专业素养。

最后，教学活动虽然受许多变数的影响，但还是有一些规律性的东西可以遵循。英国著名课程理论家劳伦斯·斯滕豪斯（L.Stenhouse）教授在论及人文学科课程实施时认为应遵循以下五条程序原则：课堂上应提出有争议的问题，教师应秉持中立准则，教学的主要方式应是讨论而不是讲授，教师要保护不同观点，对课堂学习的质量和标准承担责任。（施良方：《课程理论——课程的基础、原料与问题》. 北京：教育科学出版社，1996年版，第186页）

正如本套丛书所告诉我们的：教学活动永无止境，怎样创造"以较小的投入获得较高的教学功效"的教学方法，是名师高人一筹之处。其实并没有捷径，"熟生巧，巧生华"。在教学过程中，或许我们会取得成功，或许我们会有失败，但我们只有认真钻研教材、挖掘教材，热爱学生，苦心寻求激发学生兴趣的手段，教学的趣味性自然会生发出来，也自然能达到教学的理想境界。

无论您是刚入杏坛的年轻教师，还是声名远播的优秀教师，细细品读这套丛书，相信您总会有喜出望外的收获。

自由选课：人性化的制度设计

社会进步的一个标志就是人们的行为愈来愈少地受制于指令性和强制性的计划，而有着更多的选择性和自主性。为了给全校学生提供更多的自主选择的机会，在教学中引入竞争机制，切实提高全校公共必修课的教学质量，推动我校教学改革的不断深化，学校已从本学期开始在全校教育学、政治经济学课中，逐步推行学生跨系、跨年级试听选课制度。也就是在开课的前两周，学生可以根据教务处提供的课表和有关任课教师的个人情况自由听课，选择教师。

教学是学校的中心工作和培养自由全面发展的人的最主要途径，在很大程度上，对学校来说，教育意味着教学。一所学校教育质量的高低，取决于教学质量的高低，而教学质量的高低又取决于教师的学术水平和事业心与责任感，取决于学生学习的积极性与主动性。

逐步推行学生跨系、跨年级试听选课制度，提供给学生选择的机会，有助于培养他们的判断力、鉴赏力和自主选择的能力。长期以来，我们习惯的排课是建立在这样一个假设的基础上的：教师学术素养和教学技巧的差别不大。其实学生在与教师接触的相同时间里，从不同水平的教师那儿得到的知识是不同的，而任意选课能够使具有不同兴趣和学习风格学生的需要得到尊重。即使是同一门课，不同的教师所理解的重点和难点是不尽相同的，教学风格也多有差异，如有的教师习惯于有板有眼、条分缕析的讲解；有的教师则擅长营造纵横捭阖的磅礴气势；有的教师讲究逻辑的推导和演绎；有的教师则注重文化的浸染、心灵的晤对。自主判断和自主选择的意识和能力，是现代社会公民的重要素质，而只有向成长的青年学生提供自主选择的机会，这种意识和能力才能得到切实的培养。在任何事情上，只有当人们拥有自主选择的权力时，我们才能对其行为追究责任。

第一，推行学生自由选课制度，有助于教师确立现代教育的观念，特别是牢固确立"教育就是服务"的思想。确立这样一种观念就是要使我们的教育在制度、目标、措施与方法层面真正做到"一切为了学生，为了一切学生，为了学生的一切"，真正做到"为了全体学生的全面发展"，特别是能够公正地对待每一个人，为他们提供最恰切的教育，使具有不同天赋、潜能，不同气质、性格和不同文化背景的学生都能得到最充分的发展，以便他们在社会生活中能够找到他们应处的位置，从而最充分地实现他们作为"大写的人"的价值。而将"教育就是服务"的观念落实到日常的课堂教学之中，便是尽可能地为学生的发展提供机会；让学生更多地体验被人关注、被人爱护的温暖与幸福，更多地体验自由探索与成功的快乐与自豪，更多地感受人性的光明与和煦，感受到仁慈、宽容与敬业的力量。真正良好的教育一定是最具服务精神的教育，而只有这样的教学才能受到学生的欢迎。

第二，推行学生自由选课制度，有助于增强教师的事业心和责任感，从而不断提高教师的教学水平。打一个不太恰当的比喻，就像婚姻，排课是"父母之命，媒妁之言"，而选课则是自由恋爱。学生主动地选择某一位教师的课，这其中一定包含着对这位教师的尊重与信任，教师也就一定会有更为强烈的责任感来努力工作，从而促使教师主动地去更新教学内容、改革教学方法，以期获得学生的尊重和选择，不辜负学生们的信任和期待。

第三，推行学生自由选课制度，还有利于促进高校教学改革的不断深化。首先，它能促使学校适时调整教学运行机制，把竞争机制引入教学中来，推动教学内容的不断更新和教师教学方法的改革。长期以来，基本的情况就是：教师授什么课，学生就被动地上什么课，不论教师教学质量好差、教学内容是否适合，学生都无法选择教师和课程。由于在教学过程中缺乏提高教学质量的动力机制，有些教师的教学内容陈旧，教学方法简单，教学质量低下。其次，它能给学校的教学活动注入生机和活力，有助于提高人才培养的质量。

当然，作为一种探索和尝试，学生自主选课制度尚有许多的问题需要认真研究和解决，但毋庸置疑，逐步推行学生自由选课制度，最终实现全面推行弹性学制，是大学教育改革的一个重要方向。

变化的世界呼唤创新
——评《新课程课堂教学改革丛书》

"万物皆流"，变化总是永恒的，我们所处的正是一个日新月异、波澜迭起的时代，是随波逐流，还是逆流而上，一切取决于改革的决心和力度。20世纪末至今，在国际、国内社会翻天覆地之时，承载着人类发展和个人幸福的教育也开始紧锣密鼓地奏响变革之曲。

"活到老，学到老"，如果说教育是流淌一生的长河，那么，课堂教学便是水中朵朵浪花、圈圈涟漪。而现实中，不少课堂却是波澜不惊的"死海"，昏昏欲睡的"念经堂"，甚至是挥舞鞭子的"驯兽场"。师生同处一室，却没有真正的心灵触碰。课堂教学，作为教育的原点，其变革必然关系着整个教育改革的成败。

为着回归课堂生活，研究课堂问题，创新课堂教学，由戚业国先生领军，携同钟海清、代蕊华、沈玉顺诸位学者，共同编著了《新课程课堂教学改革丛书》。该丛书分别从课堂管理、教学模式、课堂设计和课堂评价四个维度构想，最终酝酿成《课堂管理与沟通》《教学模式的选择与运用》《课堂设计与教学策略》《课堂评价》四本精心之作。

"课堂是生命相遇、心灵相约的场所"，我们如何来营造这样一个灵动的时空呢？在《课堂管理与沟通》中，戚业国教授首先引领我们从社会学和文化学角度，全面解读现代课堂的构成要素，并且他还深入分析了影响课堂教学的诸多因素。其中，本书介绍了大量国内外相关研究成果，丰富了我们的视野。之后，本书便对课堂中的主体——学生和教师进行科学定位。教学中，如果仅重教师，课堂可能成为"讲堂"，教师一人发表言论，无视学生的在场；倘若只见学生，而将教师置于可有可无之地，课堂也就成了"游乐场"，虽然可能有教育意义，但却抛弃了学校教育的专门职责。因而，对课堂中的教师和学生及其关系的理解是把握教学的关键，而把握课堂教学还需要运用具体的技巧。该书接下来的大量篇幅便是探讨教学中的沟通和管理技巧。现代教师不是照本宣科的"教书匠",而应是教育教学的研究者。在本书末章,戚业国先生特别列举了切实可行的课堂研究方法和建议,为教师的教学研究和工作改进出谋划策。

课堂教学需要模式,但切忌模式化,因为课堂教学有其内在逻辑性,有规律可循,但又是一个瞬息万变、多姿多彩的动态过程。现代教学模式种类繁多,且各有千秋,钟海清教授在《教学模式的选择与运用》中,将各类纷繁的教学模式按功能分为基于信息加工的课堂教学模式、基于人际关系的课堂教学模式、基于人格发展的课堂教学模式和基于行为控制的课堂教学模式四大类,为读者厘清了经络。不仅如此,钟教授还对每个模式的理论基础和教学目标都进行了详尽分析,用生动的案例来阐释教学模式的操作程序,并且还明晰了每一模式的实现条件和各自的优劣之势。《教学模式的选择与运用》一书行文简约,深入浅出,使人读后如亲身实践,亲切自然,它为教师在实际教学中的灵活运用奠定了基础。

教学是科学也是艺术,它需要精明的策略和精巧的设计,任何看似自然随意的课堂都应有蓝图的描绘和智慧的安排。有人把课堂比作舞台,将教学视为表演,精彩的戏剧需要导演,精彩的课堂也需要教师。课堂是开放的、生成的,但并不意味着毫无逻辑和章法，教师在走入课堂之前要在脑海中和书面上对"教谁""教什么""如何教"做预先选择和演练。代蕊华教授编著的《课堂设计与教学策略》便告诉我们如何描绘教学蓝图。书中首先介绍了我国基础教育课程改革的基本理念，然后从国内外学习理论、教学理论、现代教学原则和模式四方面构建了课堂设计的理论基础，再分别从教学目标、教学内容、教学组织、教学方法、教学行为、教学机智、教学资源七个方面全方位地探究教学设计和策略。本书构思清晰，易于操作，是研究者丰富的理论参考，也是教师们实用的工作手册。

"教师为什么要评价学生?"在沈玉顺教授编著的《课堂评价》一书中，开篇便提出了这个值得反复思索的问题。评价自然有甄别功能，也有诊断功能，评价为改进课堂教学，最终为促进学生的发展。但在实践中，由于种种缘故，我们往往忘记了评价的初衷，为了评价而评价，乃至将它作为为难学生的工具。思想指导行为，所以，树立正确的评价观成为课堂评价改革的第一步。然而，并不能就此停步，我们仍然要不断探索公正、合理、真实的评价方法和技术。《课堂评价》用大量的实例介绍了课堂评价的设计和实施，并且特别讲解了国内外最新的研究成果。它还对具有代表性的档案袋评价、情感评价、标准化测验、多元智能评价等一一做了客观而具体的阐释。作者分析了每种评价方法的优点和缺陷，强调了这些方法的适用条件和注意事项，没有理论的说教，而是提供多样的选择，突出了"多元评价"的主旨。

"世界在变，创新不变"，面对不断生成的世界，教育不仅要"随机应变"，而且要通过教育的创新，来实现人、社会，乃至整个世界的创新。《新课程课堂教学改革丛书》紧密地把握了我国基础教育实践创新的脉搏，综观全书，有开放、多元、务实之感，为教育工作者提供了丰盛的课堂理论食粮和细致的教学行动指南。

（戚业国：《新课程课堂教学改革丛书》. 北京：北京师范大学出版社，2006）

第四章　学习的意蕴

完整地理解学习

　　"学习"作为一个语词，人们耳熟能详；作为人的一种存在方式，人们司空见惯。自古以来，学习就是思想家们关注的主题。"学者，觉也"（《礼记·王制》），"学而不思则罔，思而不学则殆"（《论语·为政》），"学而时习之，不亦说乎?"（《论语·学而》），"学莫贵于自得"（程颐），"思之自得者真，习之纯熟者妙"（明代学者王廷相），"化民成俗，其必由学"（《学记》），分别是古圣先贤对学习的真义、学习的原则、学习的方法、学习的功能的经典性表述。

　　现代社会所需要的是富有教养、有独立性、有自信心、自由自律、敢于冒险、具有创造力、足智多谋、能够积极主动地参与决策和讲求效率的人。学习是我们每一个人乃至整个社会开启繁荣富裕、文明幸福之门的钥匙。对我们个人而言，学习是提供职业发展和提升生命质量的机会，因为学习可以帮助人们在他们以往想象中不可能的更多的生活领域中取得成功；提供完善自我发展和开发生活新技能的机会；可以塑造更丰富的、更积极的、更有创造力和更灵活的人生。同时，学习使人不断自我完善——学习是产生一切探究活动和创造活动的动力源泉，也是我们终身发展的内在动力。

对于青少年而言，关于学习，可能存在以下动机：为了取得好的成绩，为了给父母争口气，为了回报某一个人，为了"黄金屋"，为了"颜如玉"，为了将来找到一份好的、体面的工作，为了自我的成长，为了能够创造幸福的生活，为了中华之崛起，为了人类进步的事业等。这种种的学习动机虽然都无可非议，但它们毕竟有高下之分。正如苏霍姆林斯基告诫我们的："应该抱有一种强烈的愿望去学习、去认识世界，以不断丰富自己的精神世界。倘若学生只是以将来是否有用这种观点来看待知识，他就会没有激情、计较个人利益、动机不纯，甚至情操低下。"从孩提时代开始，不断地唤醒和弘扬人自然天性中蕴藏着的探索的冲动，养成敢于质疑的个性，培养对学习的终身热爱，这应该是良好教育的首要目标。

怀抱着强烈的高远的动机的学习，一定是基于关注自我成长与发展的学习。而个人的发展实质上包含个人能力和社会关系两个方面：个人能力指鉴赏力，洞察力，学习能力，创造能力，表达能力等；社会关系的丰富则意味着个人能不断地拓展自己的生活舞台，在不断拓展的社会生活中成功地扮演各种社会角色，因为"只有每日每时地不断开拓生活与自由，然后才能作自由与生活的享受"。(《浮士德》)

就学习的内容而言，学生不仅要学习科学、艺术和生活技能，态度的学习、价值观的学习，也是十分必要的。学生要学会尊重少数、个别、弱势群体，学会尊重不同的意见，学会尊重人们捍卫自身权益的权力，学会尊重异端的权力，学会宽容，学会对自我的立场、观点和趣味保持审慎的边界意识，学会对自我的行为、观点所依持的立场进行反思和检视，以防止过分的自我中心和自我膨胀。

对于在校的学生来说，听课与读书是最基本的学习途径。听优秀教师的课，使人们感受到的不仅是循循善诱，而且是心灵的晤对、人格的感召。通过听课所获得的启迪和熏陶是读书不易感受得到的。但读高质量的书，却能使所获得的知识更为精确、扎实，也更适合不同个体的认知风格。两者不仅各有千秋，而且可以相得益彰。

听课是学习，读书是学习，写作也是学习，而且是更有效的学习，因为写作使得阅读不满足于泛泛浏览，而必须是一种研读。养成写作的良好习惯，也会使我们更用心地品味生活、洞明世事，从更广阔的生活世界中捕获到益人心智、怡人情性、滋养人生的知识与信息。

完整地理解学习，唤起人们不断高涨的学习热情，营造一个学习化的社会，是建设美好人生与美好社会的不二法门。因为，在真正的学习发生的地方，你一定能真切地感受到学习者心灵成长的悸动和文明的律则。

以古典的心情对待学习

在今天这样一个由效率和技术主宰的时代，古典的心情、心性的修养、精神的价值、人文的关怀渐渐地变得陌生与遥远。学习也就在心浮气躁、急功近利的主导下成为外在的包装、利益的算计、轻巧的复制。

越来越多的人，希冀学习给他们带来立竿见影的效果与实惠。的确，有些知识与技术的学习，是有这种可能的，如股票与期货的知识。然而，在更多的领域和情况下，为了获取可以立刻变成工作成绩的操作性知识和经验的学习，其效果往往并不理想。任何知识，特别是个体的经验，都存在于一定的精神生态之中，要使它具有价值就需要有一个个性化的过程。没有把别人的知识和经验经过改造、扬弃、整合升华为自己的精神修养的学习是没有多大价值的，充其量只是些小技巧，而不是大智慧。

有更多的学习，其价值是十分间接的、潜在的，这就需要我们以宁静、闲适的心绪来对待。尽管古老的智慧、经典的知识往往难以具有实际的功效，但都具有益人心智、怡人情性、变化气质、滋养人生的价值。这就是古人所说的"腹有诗书气自华"。如果我们注意观察，我们不难发现那些文化层次不高的人，其眼神多少有点迷蒙和呆滞，而那些学问修养深厚的人则目光坚定、炯炯有神，放射出智慧的光芒，坐在他们身边，即使默默无语，也能感受到一种博大与深厚，如同夏日的月夜坐在海边。

学者们把学习定义为获得知识与理解，或者通过切身体验或研究而掌握知识的过程。把获得和创造知识的过程定义为学习，能使我们区分作为过程的知识和作为结果的知识。心理学家肯·韦尔伯把真正的学习定义为我们思想与理解向深层次结构的转化。当学习的突破发生时，我们的理解就扩大了，我们看到旧的知识并没有错误的地方，但是太小，于是我们"翻译"或重新组织我们的知识来适应新的、更为广阔的世界。学习是一定的重新组织和解释经验的过程。例如，一个小孩首先学会走，然后学会跑、跳和舞蹈。世界上所有这些新的操作形式并没有让旧的"走"的知识孤立，而是走的知识被整合到扩展的"舞蹈"的理解中。

真正的学习正是人深层的精神需要，是"思接千载，视通万里"的精神漫游。学习需要刻苦，但更是一种快乐，是用努力酿造的快乐。学习总会有功利性的收益，但是，仅仅从功利出发去学习，却是违背人天性的劳役。在都市生活的浮躁中，倘还能保持一些古典的心境，用虽经污染却还能沉静的心情去对待学习，像当年陶渊明那样"历览千载书，时时见遗烈"，打破当下的局限而游心于千载，去领略"书中乾坤大，笔下天地宽"的意趣，这是何等令人心旷神怡的事情！

记不得是哪一位天才有过这样富于诗意的表达："文字就是生命的酒"，这使人对海德格尔"所有的思都是诗"的命题又有了一种悠然心会的体认。的确，表达浪漫情怀、呼唤真诚、讴歌善良的文字永远有着不可漠视的无穷魅力。

心与书的交流，是一种滋润，也是内省与自察。伴随着感悟和体会，淡淡的喜悦在心头升起，浮荡的灵魂也渐归平静，让自己始终保持着一份纯净而又向上的心态，不失信心地嵌入现实，介入生活，创造生活。

"三更有梦书当枕""半床明月半床书"，自古就是对高洁之士的写照。明月虽然清寒，书却因博大精深而温润生命。阅读中你会一次次受感动，又会在感动之后更深切地洞悉生活的真谛。读书的过程也就是一个"物我的回响交流"的过程。因为它能唤起我们对永恒和伟大的渴望，所谓"高山仰止，景行行止"，那是可贵的创造力的源头，是人类文明发展不竭的动力。

柏拉图的"洞喻"：亮光在你背后，生命期待着我们的

"蓦然回首"。当我们能以古典的心情来对待学习时，春日的鲜花、夏日的小溪、秋天的明月、冬天的残阳，都将以更为美好的风姿走进我们日臻完满的生活。

真正的学习情境

学习是人类的一种基本活动，也是人的一种基本生存、发展和享受的能力。"学习是人类倾向或才能的一种变化。"（罗伯特·M.加涅:《学习的条件》. 傅统先，陆有铨，译. 北京:人民教育出版社，1986年版，第3页）学生必须在真实的学习情境中学会建构自己的精神世界、学会自律以及对自己的学业成败负起责任。教师的"教"也只有落实在学生的"学"上，教师的劳动才是有价值的。

什么样的情境可以称之为真正的学习情境? 这是一个十分重要的问题，因为只有在真正的学习情境中，有效教学才有可能。而只有有效教学才能培养我们理想中的人。正如苏霍姆林斯基所指出的:"用环境、用学生自己创造的周围情境、用丰富集体精神生活和一切东西进行教育，这是教育过程中最微妙的领域之一。"（苏霍姆林斯基:《帕夫雷什中学》. 北京:教育科学出版社，1983年版，第122页）真正的学习情境对于启迪学生思想，陶冶学生个性，激励学生志趣，升华学生情感的作用是巨大的，是教育过程中其他要素不可替代的。

不论是心理学家奥苏伯尔关于有意义学习的特征的揭示，还是保加利亚心理治疗家乔治·罗扎诺夫的"暗示教学"理论，还是建构主义教学理论，都有助于丰富我们对于真正的学习情境的认识。

奥苏伯尔认为有意义学习具有四个特征：① 学习具有个人参与的性质。在学习中，整个人（包括躯体的、情绪的和心智的等方面）都投入到学习活动中。② 学习是自我发起的。即使推动力或刺激来自外界，学习中的要求发现、获得、掌握和领会的感觉仍是来自内部的。③ 学习是渗透性的。它会使学生的行为、态度，乃至个性都发生变化。④ 学习是由学生自我评价的。学生最清楚某种学习是否满足自己的需要，是否有助于得到他想要的东西，是否弄明白了自己原先不甚清楚的知识。

乔治·罗扎诺夫认为："能够发挥人类最大潜能的学习经验有三大特征，这也就是他的教学法或学习法的三大原则"，"第一，真正的学习是快乐的""第二，融合了有意识的和无意识的学习""第三，诱发内在的潜能"。

建构主义教学理论认为，教师应该是学生学习的帮助者、支持者和合作者。教师的职责不应该是"给予"，学生的职责不应该是"接受"。教师不应该把自己视为"掌握知识和仲裁知识正确性的唯一权威"。建构主义教学要求为学习者设计真实的任务情境，支持学习者对整个问题或任务的自主权，设计支持和激发学习者思维的学习环境，提供机会让学习者能够对所学内容和学习过程进行反思，同时强调建立学习共同体，鼓励学习者之间的相互协商。

综观世界范围内学者们的已有研究，我们可以概括出一个真正的学习情境至少应该具备如下四个特征：有明确且适当的学习任务；学习者有学习的意向；有和谐、融洽、相互支持和相互欣赏的心理氛围；有丰富的、高品质的学习资源。

（一）

明确且适当的学习任务意味着我们的教学是基于学生已有的知识和经验背景的，即在学生的头脑中有同化新知识的基础。这就需要我们教师了解学生，基于学生的已有水平来进行教学。

教学是有明确的目标追求和任务驱动的。教学究竟要达到怎样的目标？布鲁纳提出的适合现代教学的五条基本教学目标十分值得我们深思：① 鼓励学生发现自己猜想的价值和可修正性，以实现试图得出假设的激活效应；② 培养运用心智解决问题的信心；③ 培养学生的自我促进；④ 培养学生经济地运用心智；⑤ 培养理智的诚实。（全国十二所重点师范大学组编：《教育学基础》. 北京：教育科学出版社，2002年版，第184页）而这五条基本教学目标在我们许多教师的教学目标设定之中几乎没有得到体现。

教师在进行教学目的的设计时，罗伯特·麦格尔（Robet Mager）提出的教学目的三要素非常值得我们借鉴：① 陈述任务；② 确定怎样完成任务；③ 确定应取得的最低成就水平（如果老师希望确定最低水平）。知识迁移是教学的目标追求，也是学习成果的重要表现形式。教育心理学的研究表明：许多学习迁移失败的原因就是简化的、脱离真实情境的教学取向。所谓"真实性"指的是学习情境和迁移情境之间的密切相关性。我们在设计教学环境时，既要考虑知识学习情境的设计，也要考虑知识应用情境的设计，我们应该把这两种情境整合起来。

（二）

学习者有没有学习的意向是真正的学习能不能发生的必要条件。有一个精妙的比喻：我们可以将马牵到河边，却不能按住它的头强迫它饮水。真正的学习情境创设必然包括学习者学习动机的激发。一个激励有方、组织有序的课堂有助于营造真正的学习情境；相反，一个枯燥乏味、混乱无序的课堂对学生的学习将会产生消极的影响。

（三）

真正的学习情境的第三个特征是由公开和乐意的承认、欣赏与尊重的互相表达方式来体现的，即学生到学生、教师到学生都真诚、有礼貌地、充满友爱地彼此接受。"如果我能设法造成一种真诚、尊重和理解的气氛，就会出现一些鼓舞人心的情形。在这样的气氛中，人们和小组成员的态度会从僵化刻板转向灵活变通，他们的生活方式会从一成不变转向寻求发展，从依赖他人转向依靠自己，从墨守成规转向富于创新精神，从谨小慎微转向接受自身的现实。他们的这些行为是人们追求自我实现的要求的生动的例证。"（马斯洛，等：《人的潜能和价值》. 林方，等译. 北京：华夏出版社，1987年版，第127页）相反，如果课堂气氛不和谐，充满着敌意、情绪的对立，那么，学生就不能有明敏的感受和流畅的思绪，就可能分心或注意力转移。

在课堂上，我们许多老师都曾与"问题"学生发生过冲突，对此，我们应该正视这一现实。如果老师对学生要求过于苛刻，如果老师表现出对学生的轻蔑和嫌恶，如果老师与学生眼神对视的时间太久，就有可能会导致双方的对抗，而且通常还会衍生出令人难以接受的行为。

真正的学习情境充满着对亲密的和真实的人际关系的渴求，它是热情洋溢的，是能够给学生以积极的情感体验的。格式塔学习理论强调"一个人学到些什么，直接取决于他是如何知觉问题情境的"。人本主义心理学家卡尔·罗杰斯揭示出："在这种关系中，情感和情绪能够自发地表现出来，它们并没有得到详尽的审查或者受到各种各样的胁迫；在这种关系中，深刻的体验——沮丧的和欢欣的——能被分享；在这种关系中，能冒险地采取新的行为方式，并且不断地加以提高。总而言之，在这种关系中，他能接近于被充分理解和充分接受的状态。"无数的经验证明，学生只有在充满真诚、安全愉悦的学习情境下，才会获得更好的发展。"真诚"是一种真实、纯正、信任的态度，是一种彼此的接纳和完全的敞开。它是学习共同体可靠性的前提条件，这需要教师能够以一种友好的、积极的和公正的态度指导和激励学生。

（四）

真正的学习情境还包括拥有丰富的、有内在逻辑联系的学习资源。学习资源既包括知识，也包括信息。知识和信息是有区别的，正如日本学者佐藤学指出的："信息与知识并不是一回事。知识，是经验经过语言化赋予了意义的概念。它的形成包含了经验的主体、经验得以概念化的语脉和社会过程。反之，信息不过是抽去了这种主体、经验、语脉和社会过程的东西。"（佐藤学：《学习的快乐——走向对话》. 钟启泉，译. 北京：教育科学出版社，2005年版，第55页）真正的理解就是思想与感受、观念与实体的联结。教师和学生都可以是优质学习资源的提供者。教师在课堂中的职责之一就是提供并帮助学生发现学习内容的内在逻辑联系，进而使之内化为学生的认知结构。

体察学习的精髓

我一直从事教育工作，曾经参加和主持过很多关于孩子教育和学习的专家研讨会。每次会议，总会引来一大帮家长和老师的旁听。他们想弄明白：自己的孩子（学生）为什么总是不争气？别人的孩子（学生）为什么总是那么优秀？他们想寻找孩子（学生）学习成功的秘诀和法宝。

于是，孩子教育和学习方法方面的书大批涌现，弄得家长像喝了迷魂汤一样疯狂购买，然后逼着孩子拼命阅读，但结果好像并没有找到法宝，孩子的成绩依旧、态度依旧。所以，我对市场上那些教育孩子培养习惯的书基本不看。"眼界决定境界，方向决定方法"，我相信，如果不能从内心深处激发孩子，你再高明的方法，也只能枉费心机。

就在我坚定地捍卫自己这个"偏见"的时候，李培林先生给我寄来了这本书稿。我与他是在去年的"中华青少年生命教育论坛"上认识的。培林是成功学的后起之秀，又是教育成功学的先进。他讲课时能非常巧妙地唤起学生内在的激情，又能画龙点睛般地进行方法的点击。而本书的可贵之处正在于将内在的主动学习观念与外在的具体可行的方法紧密地糅合在一起，使读者在学习的同时感受学习的恩泽，体察学习的精髓，领悟学习的方法，同时又在掌握方法的过程中养成并强化主动学习的观念和习惯。

本书的特点在于生动地谈论重视学习的必要性和重视方法的可行性，通过把方法、理念及潜能作为一个整体，将其蕴藏在一个个生动的事例和精辟的论述中。在谈论方法时，本书强调观念的形成及潜能的开发，使读者的学习动力和学习方法成为有源之水、有本之木，同时也为读者的终身学习提供了信念支持和习惯保障。

著名的成功学家安东尼·列宾曾以他自己的事业辉煌和在成功学方面的建树，帮助无数的人改变了命运。今天，在全民创业和和谐发展的重要时刻，成功学的教育应该是我们最重要的素质教育。我们为什么要学习？我们应该怎样学习？我们要学习什么？看着书中他讲的那么多的故事，不仅孩子，就连我们成年人也深受鼓舞：学习改变命运，知识丰富人生。

学习，从来都是人生的一件大事，更牵动着千千万万父母的心，为了我们民族的未来，我真诚地希望我们的青少年朋友、中小学领导、老师和家长都能很好地阅读此书，绝不要认为这本书谈的仅仅是学习。

如果你、你的朋友、你的学生、你的孩子至今还在与学习过不去，我建议你尽快翻开这本书。我相信书中的真知灼见将使所有的读者受益无穷。

是为序。

（本文是为李培林所著《别跟学习过不去》所写的"序言"，本书已由华夏出版社出版）

多一点学法指导

学校教育是一种以帮助学生有效地进行学习从而获得理想的发展为己任的人道主义事业。因此，通过讲座、个别辅导或课堂教学给学生多一些学习方法的指导就十分必要。

学习方法其实是一种策略性知识（相对于陈述性知识和程序性知识），是智力技能的重要组成部分。对学生来说，"学会"比学到了什么更重要，对其终身发展也更有价值。我们不难发现，学业成绩优异的学生都善于总结、提升自己的学习经验。当然，"学会学习"离不开对具体知识的学习过程，但又不是在对具体知识的学习过程中，学生一定会自然而然地"学会学习"，这其中还是有一个教师自觉做出努力的空间。

由于不同学科的知识类型的差异，其学习方法也不尽相同。语文、政治（思想品德）、历史等学科的学习，更多的要强调感悟、诠释、语言加工，特别是强调对一些事实、命题的记诵。许多人都有一个认识误区：将牢固的记忆简单地等同于死记硬背。我想首先要强调的是：记忆力同感悟力、观察力、想象力、思考力一样，是一种重要的认知能力，它同样需要得到发展。尽管今天电脑和信息技术高度发展，但在人脑中储存一些信息对于思想的创生仍是十分必要的。真正深刻的发现、顿悟需要沉思冥想，需要摆脱当前刺激物的局限而能够心游万仞。对任何个人来说，思想就需要思想资源。只有在思想者的头脑中可以有效地提取必要的信息时，有价值的思想过程才能得以进行。

几乎所有学问修养深厚的人一定有过人的记忆力，也必定有一套有效的记忆方法。记忆是需要付出意志努力的，但并不一定就是死记硬背。除了努力发现学习材料内在的逻辑关联外，还有很多提高记忆效果的方法，比如，经常采用"试图回忆"。所谓"试图回忆"是指在开始复习一个材料时，先试图回忆、背诵而不去看材料的记忆方法。心理学实验表明：复习时背诵的时间应多于阅读的时间。一般背诵与阅读时间的比例为8：2时记忆效果最好。通过背诵可以检查出哪些地方记住了，哪些地方还没记住，哪些地方记得不准确。对于已记住的，就不必多花力气；对没有记住或记得不准的，可以注意多读几遍。

在外语学习中，词汇和句型的积累就很重要，这也离不开熟记。我的经验是：首先要区分哪些单词需要达到能用于写作的水平，哪些只需达到可供阅读的水平（即再认的水平）。如果所有的单词都要达到熟记，学业负担就会太重，也不利于扩大阅读量，从而不利于整体的学业进步。其次，在单词的记忆过程中多查字典。查字典的过程也就是信息编码的过程，重要的是，查字典有助于发现单词构成规律和一个词的多义，比如，"second"就有"秒""第二""赞成""支持"

等含义。当你遇到一个生词时，你去查字典并做标识。也许过一段时间你又遇到了它，但你忘了。在你查字典时才发现你曾查过，可忘了，这时你会获得来自你内部的"强刺激"。这个"强刺激"有助于你获得更好的记忆效果。单词的记忆最好是根据音节、词根和拼写规律来进行，而不是机械地重复拼写。

确切而牢固地掌握概念，准确掌握公式符号中符号的指代意义以及符号之间的关系，是学好数理化等学科的关键。不要盲目地大量做题，而要首先分析这道题究竟要检测你掌握了什么，即解题所必须依据的原理。一些设计精妙、精巧的题及其解题思路可以经常回顾一下，这对于牢固掌握解题思路——实际上是解决问题的智力技能会很有帮助。

比如，在数学的学习中，排列和组合是学生容易混淆的两个概念。排列，即从m个不同的元素中取出n（$n \leqslant m$）个，按一定的顺序排成一列，叫作从m中取n的排列，排列数记作A_m^n，公式是$A_m^n = m(m-1)(m-2)\cdots(m-n+1)$。而组合是从$m$个不同的元素中取出$n$个并成一组，不论次序，其中每组所含成分至少有一个不同，所得到的结果叫作从m中取n个的组合，组合数用C_m^n来表示，公式是$C_m^n = m(m-1)(m-2)\cdots(m-n+1)/1 \times 2 \times 3 \times \cdots \times n$。为了帮助学生理解，避免学生对这两个概念的混淆，教师可以鼓励学生用自己的话来表达。比如说，从某种意义上来说，排列比组合更高级更复杂，当m

和n的值一定时，排列的结果大于组合的结果。

　　学习任何一门课程，及时复习都很重要。这就需要学生制订好学习计划，经常性地复习。刚学过的内容，复习时可能要多花点时间，但随着时间的推移，仍需要经常复习，但可以越来越快速。遗忘，对任何人来说都是正常的心理现象。当遗忘发生时，不要过度焦虑，不要自怨自艾，要坦然接受，保持乐观和积极的心态。如果因为遗忘而怀疑自己并进而认定自己记性不好，记忆力在衰退，这等于在给自己消极的心理暗示，久而久之，真的会导致记忆力的衰退。愉快、乐观的心情会使我们对事物易于感受，从而有更好的学习效率。

　　学习的浪费是人生最可惜、最大而又最不易为人们所觉察的一种浪费。教会学生学习，对于减少学习困难、学业失败等"教育荒废"问题有着重要的价值。因此，教会学生学习，不是教师分外的事，而应该是教学目标的重要组成部分。我们不少中小学老师自己就不太会学习，当然也就不善于指导学生掌握学习方法。我真诚地建议老师们认真地钻研一下学习方法，并在日常的教学中自觉地引导学生掌握丰富、有效的学习方法，并养成良好的学习习惯。

"学贵有疑"的精髓

"学贵有疑"，古人多有论述。宋代大儒朱熹就曾说："读书无疑须有疑，有疑定要求无疑。无疑本自有疑始，有疑方能达无疑。"著名学者陆九渊的观点更是精辟："为学患无疑，疑则有进，小疑则小进，大疑则大进。"另一学者张载也讲过："于无疑处有疑，方是进矣！"但为什么要有疑，怎样从无疑到有疑，却没有详尽的论述。这也是中国古代思想的局限：经验感悟，微言大义，而缺乏详尽的推理和论证，更缺乏对实证和操作途径的探索。

疑，即问题，困惑。而"问题"一词，"能指"十分丰富：有缺陷、毛病、弊端，我们可以说有"问题"；有困惑、不解之处，我们可以说有"问题"；有麻烦、危险，我们亦可以说有"问题"。

疑，应理解为认知的冲突、理智的挑战，就是学习者原有的知识经验与新的信息、观念、新的刺激相矛盾、不一致，因而引发冲突的心智状态。

有疑，经过认知冲突的解决，使得认知结构更加高级和完善，世界随之扩大、内心更有包容性，这就是心智的开启，就是去蔽，就是智慧能力的提升。

譬如说，人们一般将"交通工具"分为公路运输、铁路运输、水上运输和航空运输，这就包括汽车、火车、轮船、飞机等。可如果有人问：马和骆驼是不是交通工具？它们应该属于哪类？这就是真实的问题，能够引发认知冲突，能够对以上分类提出挑战。怎样解决这问题呢？要么对以上所做分类的"交通工具"进行界定，以便将马和骆驼排除在外；要么重新按某一种新标准分类，以便将马和骆驼包括在内。

"学"之所以要有疑，就因为如果只是简单地接受现成结论，学习者头脑中可能充塞了许多"认知的堆积"，而没有获得思考策略与思考习惯的发展；那些结论性的东西不过是皮毛的、呆滞的、惰性十足的，而不能转化为个体的智慧能力。英国哲学家K. R. 波普尔说："科学只能从问题开始"，"科学和知识的增长永远始于问题，终于问题——越来越深化的问题，越来越能触发新问题的问题"。爱因斯坦强调指出："发现问题和系统阐述问题可能比得到解答更为重要。解答可能仅仅是数学或实验技能问题，而提出新问题，新的可能性，从新的角度去考虑问题，则要求创造性的想象，而且标志着科学的真正进步。"爱因斯坦有一句反复被人引用的名言："我并没有什么特殊的才能，我只不过是喜欢寻根问底地追究问题罢了。"

从生疑到析疑，最终到释疑，这个过程就是认知加工的过程，就是脑力激荡的过程，也就是知识建构的过程。

有效教学极其重要的特征就是将培养学生的问题意识，即发现问题和提出问题作为教学的目标追求。如小学数学

"时分秒""年月日"这些主题的学习，重要的不是让学生掌握一小时有多少分，一分有多少秒，一年有多少天，大月小月是如何分布的等，这些不过是约定俗成的一些规定罢了，重要的是要培养学生从生活中发现并提出问题的能力。比如，为什么一天是24小时而不是10小时或20小时？为什么有"北京时间"而没听说过"上海时间"？为什么有"上午时"和"下午时"？一天24小时，可钟表上为什么只有12小时？等。这些问题不见得一定要回答，让学生带着问题去成长，培养学生总是要去问一个为什么，这本身就有十分重要的价值。不唯书、不唯上、不轻信、不盲从的理性精神需要在日常的教学中来培养。教师在教学中要善于设"障"立"疑"，创设学生有问题可想、有许多障碍必须跨越的情境，鼓励学生大胆质疑。简单地重复正确的结论并不能帮助学生解决问题，只有让学生明确问题在哪里，并且明确达到目标的途径，才有助于问题的解决。

值得指出的是，对于问"问题"，许多老师有一个潜意识中的错误观念，即不懂才会问。在课堂上经常听老师对学生说："谁还有不懂的地方？可以举手提问。"而刚才我都讲得清清楚楚，你为什么还不明白？不明白就是你没有认真听讲……如此一来，还有谁敢提问？

其实，鼓励学生提问，我们可以这样说：你怎么理解这样的表达？你觉得这样的说法有没有需要修改的地方？你有没有发现这一命题不能有效地解释什么现象？只有学生敢于提问并善于思考，学生才能成长为具有头脑、具有智慧、内心丰富的人。

"理解"的前因后果

"理解"一词，在我们的教育表达中是十分常用的。比如，老师对学生说："你理解了吗？""你是如何理解'人是文化的载体'这个命题的？""你理解起来有什么困难吗？"人们对于世界的理解，并不同于电脑对于信息的加工。人对于事情的理解受制于许多的因素。理解并不是某种纯粹的智力活动，而是完整的人的心智活动，包括心灵的自我审思、叩问心灵，也包括智力的回忆、推理、判断、想象等。

正如我国学者殷鼎先生所指出的那样："理解弥漫于人的一切活动中——解释、应用、探索、情感、行为等，语言的解释也成为人的生活形式。理解不再被视为一种精神主体的活动，它成为人生的发生进行过程。理解、解释、应用同是这一存在过程中的各个时刻。从这种本体论意义上的存在的角度透视理解、解释、应用三者的关系，理解、解释、应用都是要把原先不属于人的自我理解范围内的陌生之域，在理解中占据为己有，拓展扩大了人生的疆域。生活就是一种不同的解释活动，理解转动着解释之轮，留下人走在自我理解之途上的意义之辙。"（殷鼎：《理解的命运》. 北京：生活·读书·新知三联书店，1988年版，第101～102页）可见，一个人鉴赏力和洞察力都源于深厚的理解能力。

R. Kegan认为："自我是在个体采择社会意义和生活意义的过程中得到发展的。人是一个意义采择者，这里的意义既可以是个体对自己的认识、对他人的认识以及对我他关系的认识，又可以是对过去经验的组织、对当前环境的理解以及对未来发展的预期等。自我的发展就是不断告别旧意义而采择新意义的过程。"（罗伯特·凯根：《发展的自我》. 杭州：浙江教育出版社，1999年版，第25页）理解是社会向个体内化的基本途径，是个体参与文化交流和发展的重要方式。

理解作为认识活动的一个必要环节，也有自身运动的规律。理解之所以可能还因为人的"前理解"的存在。按照海德格尔的说法，没有什么认识是没有前提条件的，所有的理解都以先前的掌握，以一种作为整体的前理解为前提。由于前概念总是在限定着我们的认识，所以，要压制每一个理解的"主观"决定因素是不可能的。（D. C. 霍埃：《批评的循环》. 兰金仁，译. 沈阳：辽宁人民出版社，1987年版，第5页）

"前理解"是主体在以往的理解中所获得的知识、观点、思维方法以及逐步地积累形成的文化心理结构等。它是解释者与文本发生联系的中介。理解不是被动的接受能力，而是主体在"前理解"的中介作用下对文本世界的能动的重构。借助于"前理解"，主体把自己纳入历史过程的生成关系和作用关系之中。"前理解"的深度和广度决定了主体对作品世界展开的深度和广度。"前理解"的偏狭性和贫乏性才是造成理解的主观性和任意性的重要根源。丰富、扩展、深化的"前理解"是达到理解的"客观性"的基本途径。我们理解一个命题，这就存在着部分（命题构成的语言单位）与整体是以一种循环的方式相联系的；为了理解整体，则必须理解其部分；而在理解其部分的同时，又有必要对整体有所领悟。

在理解之中，人展开了自己与历史的联系。语言是服务于人的存在，它使人成为历史的存在，也使人进入历史。一方面，历史向人敞开，通过语言，人理解历史、解释历史，使人在活生生的历史长河中把握过去、展望未来；另一方面，人也向历史敞开，通过理解历史和传统，人丰富了自己，提高了自己，并从而创造历史。在一定意义上说，历史、传统不仅是规定主体的先决条件，而且还由于主体的理解而被创造出来。人在理解历史和传统的过程中也规定了历史和传统。理解历史、语言、文本从根本上说又是理解自己。

"理解"既是一种对人的态度，又是一种认识的方式（思维方式），要求从学习者的角度思考他们的语言、思想、情感和行为。有人称之为"移情性理解"，即"教师在考查学生时，并不是用主观预想的框框看待对方，而是以同情的态度体验学生本身的所感所想，达到理解的方法。教师在这种移情性的理解中设身处地地理解学生的内心世界、学生的情感和想法。"（大正桥夫：《教育心理学》. 钟启泉，译. 上海：上海教育出版社，1980年版，第96页）

"人格获得的力量和深度越大，理性获得的自由越多，人就可以更多地理解世界，他在自身之外就可以创造更多的形式。因此，人的教养就在于：一方面，使人的感受功能与世界有更多的接触，从而在情感方面使受动性得到充分发挥；另一方面，使特定功能保持对感受能力的最大独立性，并在理性方面使能动性得到充分发展。只要这两种特性结合起来，人就会兼有最丰满的存在和最高度的独立与自由，他自己就不会失去世界，而是以其现象的全部无限性将世界纳入到自身之中，并使之服从于他的理性的统一体。"（席勒：《美育书简》. 徐恒醇，译. 北京：中国文联出版公司，1984年版，第80页）理解是人对于世界的嵌入和自我精神力量的确证与表征。

后现代主义认为，每一事物都是一个文本，认为文本的表现形态是多种多样的。美国哲学家波林·罗斯诺指出："一切事物，包括一次生活经历，一场战争，一次革命，一次政党集会，选举，人际关系，度假，理发，购车，谋职，等等，都是一个文本。甚至演说也具有文本的地位（一个口头文本）。"（波林·罗斯诺：《后现代主义与社会科学》. 上海：

上海译文出版社，1998年版，第50页）

哲学诠释学认为，理解不是主体的一次性行为，而是一个文本和"理解者的前结构"或"偏见"之间的不断互动的过程。每一次理解都是一次意义生成。伽达默尔（Hans-Georg Gadamer）曾经说过："对文本或艺术品真正意义的发现是没有止境的，这实际上是一个无限的过程，不仅新的误解被不断克服，其真义得以从遮蔽它的那些事情中敞亮，而且新的理解也不断涌现，并揭示出全新的意义。"所谓"先见"，在海德格尔（M.Heidegger）看来，"原不过是解释者的不言自明、无可争议的先入之见"。（海德格尔：《存在与时间》. 陈嘉映，译. 北京：生活·读书·新知三联书店，1987年版，第184页）伽达默尔则进一步指出，"先见"是理解的前提，是解释者认识事物的基础。

"只要人在理解，理解便会不同。除非迫于政治或宗教方面的压力而哑口无声，人只要思想着，理解着，就会出现'百家争鸣'的思想状态。'百家争鸣'，不是允许或由开明政治赐予的问题，它是历史中的人在理解时所必然要发生的事实，一种思想的事实。理解总是多元的。"（殷鼎：《理解的命运》. 北京：生活·读书·新知三联书店，1988年版，第125页）理解的首要价值在于理解本身，理解事物的过程本身，它抗拒着心智的荒芜和懈怠。

加拿大著名后结构主义教育家史密斯（David G.Smith）

教授认为:"自我理解的真正提高是四重行为的不断递进:向他人开放;与他人交流;某种包含自我更新意味的自我反省;重新与他人交流。""只有理解才能使课程和知识与学生的人生历程与经验真正联系起来。理解是从人生已有的生活经验和精神世界出发的。它建立的是一种整体的涉及经验与精神世界的整体关系,它所理解的内容最终被纳入人生经验与精神世界的整体之中,从而对个体的人生与经验起到新的意义重建。因此,通过理解,使学生建构自身与教育的整体的意义关系。"(阿尔弗莱德·怀海特:《思想方式》. 李红,译. 北京:华夏出版社,1999年版,第1页)任何理解的过程都是自我的精神世界与文本的双向建构的过程,我们的内心世界愈丰富,对于文本的解读就愈丰富。

"建构知识"之意含

知识,首先我们可以将其区分为公共知识和个体知识。公共知识即在人们长期的交往实践中所达成共识的、约定俗成的一些规定,如数学中的"十进制",三角形的内角和为180°,对一个字的书写和发音,对一个物体的命名等。公共知识是人们建构的产物,这个命题的意含是:公共知识就像房屋、桥梁、玩具、汽车、佛塔、陵墓一样是建构的产物，而不是像金子、石油、煤炭一样是发现的结果。"发现"意味着不管你发没发现，它都"存在"在那里，它具有客观的独立性。而"建构"则渗透着人们的主观意趣，知识的建构是基于人们的利益、立场、需要、趣味、眼界、胸襟而实现的。

知识是观念形态的，是人们"交互主体性"的产物。一个人所做出的命名（或命题）只有在交往中为其他人广泛地接纳和认可，它才有可能成为公共知识。

"公共知识是建构的产物"，这一命题的衍生意义就在于：以事实、概念、命题、公式、定理等为表征形态的公共知识并不是天经地义的，它不过是人们按照某一规则约定俗成的结果。如我们说水零度结冰，这只是人们在摄氏温标下对这一自然现象描述的结果。更确切地说，它是瑞典天文学家摄尔修斯（Anders Celsins）的规定：在一个标准大气压下，纯水的冰点为0℃，沸点为100℃，0℃和100℃之间均匀分成100份，每份表示1℃。如果按照华氏温标，"水在零度结冰"这个命题就是错误的。因为按照德国物理学家华兰海特（Gabriel Daniel Fahrenheit）所制定的华氏温标，它规定：在一个标准大气压水，纯水的冰点为32℃，沸点为212℃，32℃～212℃之间均匀分成180份，每份表示1℃。摄氏温标和华氏温标不过是两种温度的计量体系，没有实质性区别，因为它们都是利用数轴的原理来计量温度，只是在原点的确立和单位长度上有所不同。

公共知识是建构的产物，就意味着一切都可以质疑，一切都可以修正，如果有必要，一切都可以推倒重来，关键在于投入与产出上是否值得。如果这样理解，知识就可以成为解放人的力量，而不是压抑人的力量。科学革命之所以发生，就是因为旧的知识体系、旧的范式已经不能有效地解释新的问题，旧的体系和范式成为人类认识发展的禁锢力量。波普尔说，科学知识基本上只是猜测性的，这个猜测的过程是永无止境的，因为人类对外部世界和对人类自身的探索是永无止境的。

在"个体知识"这一层面上，"知识"有这样两个层面的意含：知道与见识。许多的所谓"知识竞赛"，其实只是"知道竞赛"。所谓"知识"一定要包括个人理智的洞见。比如《红楼梦》的作者是谁？如果你没有真正阅读过《红楼梦》，没有研究过曹雪芹何以能写出《红楼梦》，没有研究过作者所生存的时代、他的家世、他的生活经历、他的个性风格与《红楼梦》的主题、故事情节、人物刻画和语言风格之间的关系，你即使知晓《红楼梦》的作者是曹雪芹，那也仅仅是"知道"，而不是"知识"。

"建构知识"的意含是："知识"不能简单地移植，不能简单地"授受"，而必须经历一个学习主体的自主建构的过程。这个过程是怎样的一个过程呢？建构主义学习理论就是试图揭示这一过程的理论。

　　当今的建构主义者主张，世界是客观存在的，但是对于世界的理解和意义赋予却是由每个人自己决定的。我们是以自己的经验为基础来建构现实，或者至少说是在解释现实，我们个人的经验世界是用我们自己的头脑创建的，由于我们的经验以及对经验的信念不同，于是我们对外部世界的理解便也迥异。所以，建构主义者更关注如何以原有的经验、心理结构和信念为基础来建构精神世界。

　　学习是学习者主动地建构内部心理表征的过程，它不仅包括结构性的知识，而且包括大量的非结构性的经验背景。人脑并不是被动地学习和记录输入的信息，它总是建构对输入信息的解释，主动地选择一些信息，忽视一些信息，并从中得出推论。学习过程不是先从感觉经验本身开始的，而是从对该感觉经验的选择性注意开始的。任何学习和理解都不像在白纸上作画，学习总是涉及学习者原有的认知结构，学习者总是以其自身的经验，包括正规学习前的非正规学习和科学概念学习前的日常概念，来理解和建构新的知识。

　　建构一方面是对新信息的意义建构，同时又包含对原有经验的改造和重组。学习者以自己的方式建构对于事物的理解，从而不同人看到的是事物的不同方面，不存在唯一的标准的理解。但是，通过学习者的合作可以使理解更加丰富和全面。概括地说，建构主义学习观认为，第一，学习是一个积极主动的建构过程，学习者不是被动地接受外在信息，而是主动地根据先前的认知结构注意和有选择性地知觉外在信息，建构当前事物的意义。第二，这种建构过程是双向性的：一方面，通过使用先前知识，学习者建构当前事物的意义，以超越所给的信息，衍生出更多的信息；另一方面，被利用的先前知识不是从记忆中原封不动地提取，而是本身也要根据具体实例的变异性而受到重新建构。由于要进行这种双向建构，学习者必须积极参与学习，必须时刻保持认知的灵活性。第三，学习者的建构是多元化的，由于事物存在复杂多样性、学习情境存在一定的特殊性以及个人的先前经验存在的独特性，每个学习者对事物意义的建构将是不同的。

　　个人建构究竟是一个什么样的过程呢？当代美国心理学家凯利认为：第一，个人建构是不断发展、变化和完善的，可推陈出新，不断提高。第二，个人建构因人而异，在他看来，现实是各人所理解和知觉到的现实，面对同一现实，不同的人会有不同的反应。第三，在研究人格的整体结构的同时，不能将其组成部分弃于一端，而应努力做到整体与部分、形式与内容的有机统一。第四，当人们总用已有的建构去预期未来事件时，不可避免地要遇到一些困难和麻烦，所以新的信息和元素需要加入到原有的建构之中。第五，他强调一个人要获得一种同现实十分一致的建构体系绝非轻而易举，要经过大量的探索和试误过程。

比如，词汇的掌握就是一个音、形、义之间关系的建构过程。"关爱""关隘""关碍"，这三个词发音完全相同，但含义却相去甚远。如果有人问"guan'ai"是什么意思？那必定要有上下文，即当下的语境，比如说，"万里长城上有哪些关隘?""那次事故对于学校的声誉大有关碍"，这样发问才有意义。这个"上下文"（context）、这个语境，就是个体进行知识建构所依赖的意义网络的组成部分。

因此，教学过程要重视学生对过程的参与、亲历，要关注学生的经验背景和意义网络，要注重情境的创设。著名的认知心理学家J. R. 安德森（J. R. Anderson, 1990）认为："通过以多种方式应用我们从自己的经验中获得的知识，认知才得以进行。理解知识如何应用的前提是理解它如何在人脑中表征的。"每个人总是以独特的个人生活经验和个人生活史为基础去认识世界，"每个人的知识，从一种重要的意识来讲，决定于他自己的个人经历：他知道他曾看到和听到的事物、他曾读到和别人曾告诉过他的事物以及他根据这些事件所能推导出来的事物。"（罗素:《人类的知识》. 张金言，译. 北京：商务印书馆，2001年版，第4页）这就是英国哲学家罗素、波兰尼等人称之为"个人知识"（personal knowledge）的东西。

学习策略与知识的自主建构

学业成绩优异的学生与学业平平的学生之间差异形成的原因是多方面的，其中包括天赋、智力类型、学习偏好、家庭文化背景、学习动机、个性品质和学习策略。而天赋（智商）、智力类型是难以改变的，学习偏好、家庭文化背景也不易改变，发展学生的学习策略就成了我们提高学生的学业成绩，并进而形成学生良好的个性品质（如坚持性、注意力集中、自我激励、勇敢地面对挫折等）的切入点和着力点。

所谓学习策略，就是诸多学习方法的整合化，就是对学习过程的高度自觉，就是在学习的过程中有意识地超越所给定的信息，自主地、能动地建构知识，而不是盲目地、被动地、机械地、简单重复地抄写、背诵或者做习题。从某种意义上说，自主学习其实就是有效的、良好的学习策略的代名词。

自主学习也称为自我调控学习（self-regulated learning）。所谓自我调控学习，是指学习者为了保证学习的成功、提高学习的效果、达到学习的目标，主动运用元认知控制策略、动机控制策略和情感控制策略，有效地控制学习的进程和学习任务的实施。其实质就是要求学习者对自己的学习过程进行自我监督、自我调节、自我激励和自我控制。

建构主义学习理论认为：任何知识的学习都是一个积极主动的建构过程，学习者不是被动地接受外在信息，不是简单地复制和印入信息，而是主动地根据先前知识结构和经验，注意和有选择性地知觉外在信息、解释信息，并生成新的信息，建构当前事物的意义。这个建构过程是双向的：一方面，通过使用先前的知识，学习者建构当前信息的定义，因而可以超越所给的信息，在对信息的加工与处理的过程中，生成新的信息；另一方面，被利用的先前知识不是从记忆中原封不动地提取出来的，而是要根据具体实例的变异性而经过重新建构。由于要进行这种双向建构，学习者必须积极地参与学习，必须经常调整思路，保持认知的灵活性。

人们是按照逻辑（推理的"有效"法则）和个人经验去理解语言所表达的意念的。当然，个人的心理建构过程和水平是不断变化、发展和完善的，可以温故知新、知新温故，可以推陈出新、不断提高。因为事物存在的复杂多样性、学习情况存在一定的特殊性以及个人先前经验的独特性，所以每个学习者对事物意义的建构将是不同的。

与"学习"密切相关的是知识，对于个体而言，知识包括"知道"和"洞见"（或"见识"）两个层面。"知道"，其实只是信息的获得，而"洞见"才是建构知识的过程。真正的学习不是认知结果的堆积，而是在外在信息的刺激下的重新解释和重新组织，以生发出新的意义。这个过程的品质取决于诸多因素，其中主要的是学习策略，比如，一个单元学习后的总结就十分重要。总结往往伴随着提炼和概括，删除掉某些信息，保留某些信息并对某些信息进行加工，这有利于理解的深刻和记忆的巩固。因此，教学中一定要包括课堂小结和阶段性小结。前者意味着课堂结束后扼要重述主要观点，从而帮助学生将新信息融入连贯的、可理解的整体中；后者意味着帮助学生查验、思考刚刚介绍的知识与整个单元学习要点之间的关系。

一味地强调题海战术、重复练习，是与忽视发展学生的学习策略和促进学生知识的自主建构相关联的。其危害就在于：它加重了学生的学业负担，导致学生思维定式和头脑的僵化，导致学生内心的麻木和个性的呆板，压抑以至泯灭学生的内在学习天赋和探索精神，不利于学生具有主动性、创造性、健康开朗个性的形成和发展。

可是我们许多的教师，更不用说绝大多数家长，他们关注的仅仅是学生对于学科知识的"掌握"程度——复现已成结论和熟悉解题套路，而很少关注学生的学习品质和学习策略的形成与发展，从而使得广大学生的学习是低效的，有时甚至是无效和负效的。许多学生抓不住关键信息，信息组织能力差，不能从已有信息中生发出新的信息，建构知识也就无从谈起。

学生的生命主题是成长，而成长离不开有效的学习。因此，对于学生而言，切实地对自己的学业成败肩负起责任，理解学习过程，对自己的认知过程能做出自我监控，都有助于取得良好的学习效果。一个成功的人，一定是一个开朗的人、一个注重总结自己的经验和教训的人、一个善于向他人学习并不断完善自我的人。为此，一方面，教师的教学应该是一种有意识的、深思熟虑的行为，这种行为是在对教什么、学生怎样才能学得最好做出深思熟虑的决定后产生的。另一方面，教师还要努力使课堂教学多样化。多样化并不能直接促进学习，但它对学生的注意力和参与精神有积极影响，从而使学生对学习有更强的接受能力。教师运用多样化策略不仅可以防止学生对学习感到厌烦，还可以使他们长时间地保持兴趣并积极参与教学过程。这对于学生发展学习策略、自主建构知识都有重要意义。

学习方式就是人的存在方式

课程改革是一项关系到几亿人、几代人生命质量的宏大工程。本次课程改革的重点之一是如何促进学生学习方式的变革。而学习方式的转变意味着个人与世界关系的转变，意味着存在方式的转变。

如果一个在学校中度过9年或12年的孩子，整天处于被动地应付、机械地训练、死记硬背、简单重复之中，那么，他对于所学的内容也就难免生吞活剥、一知半解、似懂非懂。很难想象，他（她）能够具有创新的精神和创新的能力，能够成为幸福生活的创造者和美好社会的建设者；很难想象，他能够不唯书、不唯上，能够用自己的眼睛去观察，用自己的头脑去判别，用自己的语言去表达，能够成为一个独特的自我。

所以，学生学习方式的转变迫在眉睫！它关系到我们的教育质量，关系到师生的校园生活质量，关系到年青一代能拥有一个什么样的未来，关系到民族素质的提高，关系到综合国力的强弱。

学生是有着完整的生命表现形态、处于发展中的、以学习为主要任务的人。"学生"一词可以从"人"是自然的存在、社会的存在和精神的存在三个层面来解读：学生学习掌握生存的常识和技能，以便独立地面对世界；学生学习遵从生活的律则与规范，以便和谐地与人相处；学生学习探索生命的价值与意义，以便有尊严地立于天地之间。

教育必须以学生的发展为本，为此，我们今天必须倡导新的学习方式，即自主学习、合作学习、探究学习的学习方式。这也是实施新课程最为核心和最为关键的环节。

学习是经验的重新组织和重新解释的过程。在我的解释框架中，自主学习（意义学习）是相对于被动学习（机械学习、他主的学习）而言的，是指教学条件下学生的高质量学习。而合作学习是就教学条件下学习的组织形式而言的，它相对的是"个体学习"与"竞争的学习"。探究学习（发现学习）是相对于接受学习而言的。

（一）

根据国内外学者的研究成果，自主学习概括地说就是"自我导向、自我激励、自我监控"的学习。具体地说，它具有以下四个方面的特征。

1. 学习者参与和确定对自己有意义的学习目标，自己制定学习进度，参与设计评价指标。

2. 学习者积极发展各种思考策略和学习策略，在解决问题中学习。

3. 学习者在学习过程中有情感投入，学习过程有内在动力的支持，能从学习中获得积极的情感体验。

4. 学习者在学习过程中对认知活动能够进行自我监控，并做出相应的调适。

这里所说的自主学习是指教学条件下的学生的高品质学习。所有能有效地促进学生发展的学习都一定是自主学习。大量的观察和研究充分证明：只有在如下情况下，学生的学习才会是真正有效的学习：① 感觉到别人在关心他们；② 对他们正在学习的内容很好奇；③ 积极地参与到学习过程中；④ 在任务完成后得到适当的反馈，⑤ 看到了成功的机会；⑥ 对正在学习的东西感兴趣并觉得富有挑战性；⑦ 感觉到他们正在做有意义的事情。要促进学生的自主发展，就必须努力创设最大可能地让学生参与到自主学习中来的情境与氛围。

（二）

合作学习是指学生在小组或团队中为了完成共同的任务，有明确的责任分工的互助性学习。它有以下五个方面的要素。

1. 积极承担在完成共同任务中的个人责任。

2. 积极地相互支持、配合，特别是面对面的促进性互动。

3. 期望所有学生能进行有效的沟通，建立并维护小组成员之间的相互信任，有效地解决组内冲突。

4. 对于各人完成的任务进行小组加工。

5. 对共同活动的成效进行评估，寻求提高其有效性的途径。

合作动机和个人责任是合作学习产生良好教学效果的关键。合作学习将个人之间的竞争转化为小组之间的竞争。如果学生长期处于个体的、竞争的学习状态之中，久而久之，学生就很可能变得冷漠、自私、狭隘和孤僻，而合作学习既有助于培养学生合作的精神、团队的意识和集体的观念，又有助于培养学生的竞争意识与竞争能力。同时，合作学习还有助于因材施教，可以弥补一个教师难以面向有差异的众多学生的教学不足，从而真正实现使每个学生都得到发展的目标。

在合作学习中，由于有学习者的积极参与、高密度的交互作用和积极的自我概念，教学过程远远不只是一个认知的过程，同时还是一个交往与审美的过程。研究表明，如果学校强调的是合作而非竞争，即学校既不按智力水平分班，又不采取体罚的措施，那么，这种学校就不太会发生以大欺小、打架斗殴以及违法犯罪等事件，同时也不会因为强调竞争而降低学习成绩。事实证明，要提高一个孩子的学习成绩，更有效的办法是促进他的情感和社会意识方面的发育，而不是单纯集中力量猛抓他的学习（根据美国学者古奇和普林格尔1996年的研究）。

合作学习可以帮助学生通过共同工作来实践其亲社会的技能。合作式的小组学习活动可以培养学生的领导意识、社会技能和民主价值观。

所谓探究学习，即从学科领域或现实社会生活中选择和确定研究主题，在教学中创设一种类似于学术（或科学）研究的情境，通过学生自主、独立地发现问题、实验、操作、调查、信息搜集与处理、表达与交流等探索活动，获得知识、技能，发展情感与态度，特别是探索精神和创新能力的发展的学习方式和学习过程。

（三）

探究学习相对的是接受学习。接受学习的学习内容直接呈现给学习者，而在探究学习中，学习内容是以问题的形式来呈现的。

和接受学习相比，探究学习具有更强的问题性、实践性、参与性和开放性。经历探究过程以获得理智和情感体验、建构知识、掌握解决问题的方法是探究学习要达到的三个目标。"记录在纸上的思想就如同某人留在沙上的脚印，我们也许能看到他走过的路径，但若想知道他在路上看见了什么东西，就必须用我们自己的眼睛。"德国哲学家叔本华的这番话很好地道出了探究学习的重要价值。探究学习也有助于发展学生优秀的智慧品质，如热爱和珍惜学习的机会，尊重事实，客观、审慎地对待批判性思维，理解、谦虚地接受自己的不足，关注好的事物等。

国外学者将探究学习分为六种基本类型：实验性探究、逻辑推理任务、基于测量的研究、工程性设计、技术性设计和开放性的研究。

这里值得特别指出的是，探究学习与研究性学习之间的关系。研究性学习也称为主题探究的学习，所以，探究学习是研究性学习的上位概念。也就是说，研究性学习一定是探究学习，但并不是所有的探究学习都是研究性学习。研究性学习一般为长周期的作业。根据对研究和研究性学习过程的分析，研究性学习在五个方面与科学研究既有联系又有区别，而这五个方面的特征构成了研究性学习的五个基本特征。

1. 发现和提出问题：根据日常经验和观察发现问题并提出问题。

2. 收集证据：根据问题搜集事实和证据——学习者重视

实证（evidence）在解释问题中的作用。

3. 形成解释：根据搜集到的证据形成解释或假设。

4. 评价结果：根据其他解释对自己的解释进行评价——学习者重视思考的独立性与思想的开放性。

5. 检验结果：学习者交流和验证他们提出的解释。

在哈佛大学师生中流传着一句名言："The one real object of education is to have a man in the condition of continually asking questions."（教育的真正目的就是让人不断提出问题、思考问题。）问题就是以我们原有的知识和经验不能解释、理解和说明的现象，因而问题也就是思想的资源、思想的推动力，也就是我们心灵的财富。研究性学习的价值不仅在于更为坚实地建构知识，也在于能很好地培养学生求真务实的工作作风和生活态度。

所有的能有效地促进学生发展的学习都一定是自主学习。但并不是所有的学习领域和学习主题都需要用合作学习的组织形式，也不是所有的学习领域和学习主题都需要用探究学习的方式来进行。不仅个体学习的组织形式是必不可少的，接受学习对一些学习内容来说也是必要的。

只是在我们过去的教学中，由于种种原因，特别是由于教学大纲规定了过多的知识点，使得教师只能用简单的"授受"的教学方式来进行。今天，从教学大纲到课程标准的重要变化之一就是减少了知识点，给教师的教和学生的学留出了更多的空间，我们有必要也有可能更多地强调合作学习与探究学习的方式。而真正的合作学习和探究学习一定是自主学习，而只有自主学习才能帮助学生确立自主的尊严和获得可持续发展的动力。

我们之所以特别强调倡导自主学习、合作学习和探究学习，其理由就在于：教育必须着眼于学生潜能的唤醒、开掘与提升，促进学生的自主发展；必须着眼于学生的全面成长，促进学生认知、情感、态度与技能等方面的和谐发展；必须关注学生的生活世界和学生的独特需要，促进学生有特色地发展；必须关注学生的终身学习愿望和能力的形成，促进学生的可持续发展。

其理由也在于：并不是所有的教学都是有意义和有价值的，有的教学可能是无效的，甚至可能是负效的。何种教学可称为"有效教学"？也就是说，满足何种条件或具有哪些特征，就可算作"有效教学"？不同的教学观，对此会有不同的理解。基于自主学习的观念，我们认为有效教学应具有如下六个方面的特征。

1. 让学生明确通过努力而达到的目标，并且明白目标的达成对于个人成长的意义。

2. 设计具有挑战性的教学任务，促使学生在更复杂的水平上理解。

3. 通过联系学生的生活实际和经验背景，帮助学生达到更复杂水平的理解。

4. 适时与挑战性的目标进行对照，对学生的学习有一个清楚的、直接的反馈。

5. 能够使学生对每个学习主题都有一个整体的认识，形成对于事物的概念框架。

6. 能够迁移并发现和提出更为复杂的问题，有进一步探究的愿望。

其理由还在于，我们不能对"课堂上的收获"做狭隘的理解，因为收获不仅包括认知的概念、定义、原理（公理、定理）、公式、基本事实等的掌握以及认知策略的完善，也应包括态度、价值观的改变、丰富与提升，所经受到的理智的挑战和内心的震撼，所获得的感动和鼓舞，以及精神的陶冶和心灵的净化等。具体地说，收获至少包括以下六个方面：经验的激活、丰富与提升，知识的建构与运用，认知策略与学习策略的精进，情感的丰富、细腻和纯化，态度和价值观的形成、改变与完善，技能的形成、巩固和熟练。

一言以蔽之，有效的教学能够唤醒沉睡的潜能、激活封存的记忆，开启幽闭的心智，放飞囚禁的情愫，而这必定不可缺少学生的自主学习、合作学习与探究学习。

主体参与：自主学习的要义

自主学习作为学生学习过程中的内在品质，让学生实质性地参与教学过程是其首要特征。参与是学生学习主动性的表现形式，也是学生发展学习策略和学习品质的重要途径。学生实质性地参与教学过程至少可以有以下七种途径。

（一）

参与并确定对自己有意义的学习目标的提出。一门课，一个主题的学习，一节课，一个教学活动，究竟要达到什么目标，光老师清楚是不够的，一定要有一个与学生协商、沟通、交流的机会，让学生明确当下的学习对于他的成长和后续学习有什么样的意义。比如，地理的学习，一个重要价值是发展学生的空间知觉和空间想象力，发展学生的方位感，这对于汽车驾驶和野外生存都具有价值。又如，古典诗文的学习，一方面，可以使我们走进古人的内心世界，感受永恒的人类情感，如乡情和友谊，使我们与我们的先辈有情感的联系；另一方面，有利于培养学生语言的节律感——这是审美感受的重要元素。

做什么事情都应有比较明确的目标追求，而不是稀里糊涂、浑浑噩噩的，这也是成功人生的重要品质。这种品质需要在日常的学习生活中来培养。如果学习是盲目的，不知道当下内容的学习意义何在，我们就不能很好地发展出学生的这种重要的生活品质，也不能帮助他们形成积极的自我形象和努力的目标。真正优秀的教师一定能够在日常的学习中，不断地唤起学生对于未来的热烈向往和憧憬，将人生美妙的前景呈现在学生的面前，能够让学生带着美好的期待去成长。

（二）

学生实质性地参与教学过程的第二种途径是对学习内容的质疑。质疑，不是无端的猜疑、简单的否定，而是有根据的怀疑。什么都可以质疑，唯独不能质疑的是我们所具有的质疑能力。质疑也就是思考别人思考过了的问题，把一切都放在理性的天平上来考量，因而它是建构知识的重要环节。

质疑意味着不轻信，不满足于已有结论，不相信唯一正确的解释，不盲从权威的仲裁，不屈从于将一种解释非法地晋升为唯一正确解释的企图。

质疑与独立思考是民主社会建设者的重要品质。如果我们迷信权威，信奉教条，我们就会思想僵化，我们的社会就会充斥着谎言和欺骗，整个社会就可能误入歧途，就可能将绞索当成美丽的花环套在自己的脖子上。

对于发展中的个体而言，质疑是创新的雏形。就像江苏的刘婉老师在教学反思中写的那样："质疑就是一颗创造的种子，它埋在每一个孩子的心里。但这颗珍贵而娇弱的种子只有在教师的精心呵护和培育下才会生根发芽，长大成材，任何一个疏忽都可能会使它腐烂在泥土之中。""我们千万不要把学生的质疑问难视为'怪癖',冷落他们,挫伤他们,相反应当倍加关注那些爱幻想、爱标新立异、有独特见解的学生,使他们敢想敢说,勇于创新。"

(三)

学生实质性地参与教学过程的第三种途径是修正。社会在不断地发展,不断地出现新的情况和新的问题,人们的认识也在不断地拓展和深化,修正是人类思想发展过程中必不可少的形式。让学生学会修正,发展学生思维的精进性的品质,保持内心和头脑的开放,是幸福生活的创造者和自由社会的建设者的重要素质。在几乎所有的学习主题中都有一些命题,如定义和对原理的表述,教师可以鼓励学生试着用自己的话来表达,并引导学生检讨"这样说与那样说"有什么样的差别、怎么说更到位,从而使学生经历一个不断修正的过程。比如,过去在《物理》教科书中,普遍使用的是"重量"的概念,而今天的《物理》教科书中使用的是"质量"的概念,这两个概念的差别在哪里?这一修正的必要性在哪里?教师要让学生明了,人类认识本身就是一个不断修正的过程,这也有助于他们科学精神的培养。

(四)

学生实质性地参与教学过程的第四种途径是多元化的理解。教育不是要封闭人们的思想,而是要解放人们的头脑。对同一问题,从不同角度的进行理解和解释,这不仅有着重要的智力价值，而且对于培养学生的宽容精神、开放的心态、民主的性格也极具意义。"穷尽一切可能的解释"，这应该成为智慧训练的首要原则。

（五）

第五种途径是自主规划和调控学习的进程。每个学生的知识基础和经验背景是千差万别的，每个学生的学习性向也各不相同，给学生规划自己学习的自主权，既有助于发展学生的学习策略，也有利于培养学生管理时间、管理信息、筹划自己未来的能力，使学生成为一个有头脑、有条理的积极的生活者。

（六）

学生实质性地参与教学过程的第六种途径是参与设计评价指标。怎样评价我们的学习成就？其指标的确定本身对于学生的成长就有重要的导向价值。比如，语言的学习要注重词汇量的积累和语感的培养，这对于学生语言的学习就有指导作用。让学生参与设计评价指标，可以让学生内化评价的标准，使学生明确相应学习领域内容的构成性质，从而激发学生内在的学习兴趣与动机。

（七）

第七种途径是对学习活动的反思总结。回顾学习过程、清点学习的收获、总结学习的方法、对学习的内容进行认知加工，能够促使学生在更复杂水平上的理解，实现经验的概念化。因为认知加工有助于学生将新知识与已有知识融会贯通。

以上是学生实质性地参与课堂的具体途径。当下现实的课堂中普遍存在的问题是，教师对课堂的控制过度，学生对于教学过程的参与往往流于形式和表面，而不是实质性地参与，即学生并未真正卷入到学习过程之中，从而使学生感受不到智力劳动的快乐，使课堂缺乏深厚的精神生活的背景和氛围。究其原因恐怕是教师专制主义的性格，即教师对学生的理智能力缺乏真正的信任，对于教学目标的追求过于单一——过分强调知识和技能的掌握，而忽视诸如情感、社会性、态度、价值观、创造性、主动性、想象力等方面的发展。

只有自主学习才能造就自主发展的人。所谓自主发展的人，具有以下四个方面的特征：有清晰的自我认识，有积极的自我形象；有明确的努力的目标，有光明而务实的愿景；有学习的内在需要和动力，有成长的渴望；有良好的学习策略和学习品质。这也是一个有发展的潜力、有美好未来的、成长中的青少年的共同特征。

附录：肖川教授赠语精选

1. 我们怀着对生命的敬意，带着信念去耕耘，带着希望去播种：用生命的温暖，光大人性的美好；用生命的活力，唤醒智慧的潜能——在生命教育的园地里，谛听花开的声音。

——为济南新苑小学写的赠语（2008 年 3 月 6 日）

2. 生命教育就是对应试教育、就业教育、技能教育等等仅仅服务于学生的生存竞争的教育的扬弃和超越，是引导学生珍爱生命、敬畏生命、感恩生命、享受生命的教育。如果一种教育，让学生学会了很多，却没有学会如何幸福地生活，那这种教育至少是残缺的，甚至可能是反生命、反教育的。

——为包钢一小写的赠语（2008 年 5 月 28 日）

3. 一个人不管毕业于哪一所学校，所学的是哪一门专业，获得了怎样的学位，最终都得面对生活。任何人都首先是一个生活者，其次才是一个劳动者、思想者，一个技术人员、一个专家，一个文人、一个学者或者一个艺术家。而只有一个人能快乐而有尊严地生活着，才能扮演好其他的社会角色，比如父亲或母亲，丈夫或妻子。更何况"人是目的"，每一个人的幸福本身就有着无须证明、自满自足的价值。而生命教育就正是为学生的幸福人生奠基的教育，也正是始终关注教师生活的幸福指数的教育。

——为天津杨柳青中学写的赠语（2008年6月16日）

4. 生命是宇宙间的奇迹，是上苍馈赠给我们的最珍贵的礼物，因而我们对生命需要有一种敬畏感；而教育则是人类自身馈赠给生命的最珍贵的礼物。因而，作为人类的一员，我们可以有一种自豪感。一个人拥有了对生命的敬畏感与自豪感，幸福而有尊严地生活着就有了最切实的保障。这种生命情怀也正是生命教育要着力在每一个人心中唤醒和光大的。

——为吉林第十七小学写的赠语（2008年9月1日）

5. 生命教育就融渗在这样的追求之中：让校园生活充满关怀、激励、温暖与成就感，并能陶冶出一种积极向上的人格；让每一个人都能够更加真切和更为丰盈地感到生活的意义和美好，从而以更饱满的热情投入生活、学习与工作。

——为深圳学府中学写的赠语（2008年9月16日）

6. 用人间的情怀，润泽心田；用生命的智慧，拓展成长的空间；用丰富的学识，垫高遥望的视野……我们以心的邀约，度过自主而充实的每一天！这就是我们自觉践行的生命教育。

——为成都二仙桥学校写的赠语（2008年10月28日）

7. 我们赋予生命教育以这样的内涵：师生在学校的每一段时光都荡漾着生命的情怀，在校园的每一个角落都充满人性的温暖——笑声朗朗，书声琅琅，歌声朗朗……每一个人的优长都能够得到充分的绽放，每一个人对未来都有着乐观的向往，在每一个人心中培植起对于教育无限信任的力量。

——为沈阳四十四中写的赠语（2008年11月22日）

8. 如果我们的教育能够带给学生温暖的回忆并使学生因此热爱学习、交往、探索与富有个性的表达，如果我们的教育能够让学生学会自律、自主、互助与合作，提升他们生命质量和生命尊严的意识；如果我们的教育能够让教师更多地感到精神的充实和生活的愉悦，并总是信心满满地投入工作；如果我们的教育能够让家长感到信任、自觉地支持学校的工作并由此而获得成长，那我们的教育就可以当之无愧地称之为生命教育。

——为郑州师院附小写的赠语（2009年3月1日）

9. 游历可以使我们的生命变得丰富与厚重。生命教育不仅要引领学生进行精神的漫游，也要培育学生敢于冒险、开拓和探索的品格。

——为江阴徐霞客实验小学写的赠语（2009年5月16日）

10. 自觉践行生命教育的学校，一定会无微不至地用智慧、美德与真情成就每一个学生。它摒弃短视与功利，既一视同仁地对待每一个学生，不管出生的贫富、天赋的优劣，又能因材施教，长善救失。

——为深圳市南湖小学写的赠语（2009年6月8日）

11. 我祈愿，在飘扬着生命教育旗帜的幼儿园，没有粗暴，没有糊弄，更没有恫吓与羞辱，每一个孩子都被视为天使，在温情的陪伴里，身体和心智得到和谐的发展。

——为长沙市万婴幼儿园写的赠语（2009年9月6日）

12. 生命教育旨在引领学生过一种安全、理智、负责任、有热情、有追求、有爱心和有创意的生活。学生在当下的校园里过着怎样的生活，会在很大程度上影响着他一生的生活品质。

——为潍坊中新双语学校写的赠语（2009年9月26日）

13. 生命教育守护童心，保卫童年，张扬童趣，彰显童贞。它摒弃貌似崇高的假大空，它禁绝训斥与羞辱，它远离市侩与庸俗，它崇尚自然，倡扬自主与自律，它鼓励个性与创新，它宽容缺陷与错误，它带给学生的是安全、温馨与乐趣。

——为杭州采荷集团一小写的赠语（2009年10月16日）

14. 成长是生命最为积极的和美好的姿态。学生的生命成长通过身体、认知、社会经验的发展而得以实现。促进学生的自主发展，和谐发展，有特色的发展和可持续的发展是生命教育的自觉追求。

——为新疆兵团三中写的赠语（2009年10月20日）

15. 奉献是个体生命价值最高的体现，而所有能够增进人类福祉的发明、发现与创造在客观上都是对社会的奉献。激发创造潜能，培育创新意识，是生命教育因而也是真正良好教育的旨趣。

——为北京市魏善庄第一中心小学写的赠语

（2009年11月18日）

16. 以生命教育的眼光发掘学科中生命教育的精神元素，并使课堂充满生命的情怀与律动，打造生命课堂，是生命教育在学校中落实的重要途径。

——为河南鹤壁市兰苑中学写的赠语（2009年12月19日）

17. 生命教育，即"为了生命的教育"，为了学生生命的苗壮与健硕、鲜活与灵动、纯净与高贵的教育。而在为学生提供优质教育的过程中，教师感受到工作的意义和乐趣，感受到自身的价值得以实现与升华，并靓丽和厚重着无悔的人生。

——为河南荥阳第三小学写的赠语（2009 年 12 月 26 日）

18. 成长是每一个人生命历程中永恒的主题。成长离不开学习，但除了学习还需要更多。生命教育就正是全面关照人的成长的教育。

——为新疆兵团一中写的赠语（2009 年 12 月 30 日）

19. 生命教育崇尚个体的生命价值，关照个体的人生际遇，并引导个体走向更为广阔的生命世界。因此，我们赞许"以天下为己任"的雄心抱负，更倡导"以己任为天下"的敬业精神。

——为陕西华山中学写的赠语（2010 年 3 月 10 日）

20. 生命，因为脆弱，所以珍爱；因为美好，所以欣赏；因为独特，所以平等；因为精神，所以高贵；因为神圣，所以敬畏；因为懂得，所以慈悲。

——为黑龙江鸡西金华中学写的赠语（2010 年 3 月 28 日）

图书在版编目（ＣＩＰ）数据

完美的教学 / 肖川著 . — 北京：北京师范大学出版社，
2015.4（2018.4重印）
（肖川教育随笔）
ISBN 978-7-303-18599-3

Ⅰ . ①完… Ⅱ . ①肖… Ⅲ . ①教学研究 - 文集
Ⅳ . ① G420-53

中国版本图书馆 CIP 数据核字（2015）第 037273 号

营 销 中 心 电 话　　010-58802798 58806546
北师大出版社高等教育分社网　http://gaojiao.bnup.com
电 子 邮 箱　　　gaojiao@bnupg.com

出版发行：北京师范大学出版社 www.bnup.com
　　　　　北京新街口外大街 19 号
　　　　　邮政编码：100875
印　　刷：天津中印联印务有限公司
经　　销：全国新华书店
开　　本：148mm × 210mm
印　　张：6.5
字　　数：120 千字
版　　次：2015 年 4 月第 1 版
印　　次：2018 年 4 月第 5 次印刷
定　　价：45.00 元

策划编辑：张书涛　　责任编辑：陶　虹　鲍红玉
美术编辑：王齐云　　装帧设计：王齐云
责任校对：王　婉　　责任印制：马　洁